Ⅰ 서문

생명의 물(Water of Life)

술은 단순히 술로만 끝나는 것이 아니다. 술은 음식이고, 문화이며, 하나의 산업이기도 하다. 때로는 소통과 힐링의 수단이 되기도 한다. 모든 술에는 저마다의 개성과 역할이 있으며, 장단점이 있다. 그렇다면 위스키는 어떤 매력이 있는 술인가.

기본적으로 위스키는 알코올 도수가 높은 증류주로 변질의 위험이 거의 없고 장기간 보관이 가능하다. 병을 개봉한 이후에도 언제든지 한두 잔씩 마실 수 있는 것이다. 또한 증류주이면서도 숙성을 거치므로 숙취도 거의 없다. 요즘 유행하고 있는 몰트위스키의 경우 개성이 강하고 향과 맛도 뛰어나다. 게다가 안주를 많이 곁들이지 않아도 되어 배부르지 않게 마실 수 있다.

최근 위스키가 유행하면서 온오프라인 구매처도 다양해졌고, 가격 경쟁으로 일부 인기 제품을 제외하면 전체적으로 소매가도 많이 낮아졌다. 더구나 고깃집을 중심으로 위스키에 대한 콜키지 서비스를 무료 혹은 유료로 제공하는 곳도 늘고 있어, 과거에 비해 위스키를 즐기기에 좋은 환경이 조성되고 있다.

이렇게 위스키의 유행과 맞물려 필자에게도 위스키 강의 요청이 부쩍 늘었다. 기존 위스키 업계의 타깃은 주로 40대 이상의 구매력 있는 남성이었다. 그런데 코로나19를 거치면서 예전에는 위스키를 즐겨 마시지 않던 20~30대 젊은 층과 여성들이 위스키에 관심을 가지기 시작했다. 실제로 위스키 강연 참석자의 80~90% 이상이 20~40대 여성이다.

| 만든 사람들 |

기획 IT · CG 기획부 | 진행 박성호, 장소라 | 집필 전재구
표지 디자인 원은영 | 편집 디자인 이기숙

| 책 내용 문의 |

도서 내용에 대해 궁금한 사항이 있으시면,
디지털북스 홈페이지의 게시판을 통해서 해결하실 수 있습니다.

디지털북스 홈페이지 digitalbooks.co.kr
디지털북스 페이스북 facebook.com/ithinkbook
디지털북스 인스타그램 instagram.com/digitalbooks1999
디지털북스 유튜브 유튜브에서 [디지털북스] 검색
저자 이메일 swallow7109@naver.com

| 각종 문의 |

영업관련 digital1999@naver.com
기획관련 djibooks@naver.com
전화번호 (02) 447-3157~8

※ 잘못된 책은 구입하신 서점에서 교환해 드립니다.
※ 이 책의 일부 혹은 전체 내용에 대한 무단 복사, 복제, 전재는 저작권법에 저촉됩니다.
※ 유튜브 [디지털북스] 채널에 오시면 저자 인터뷰 및 도서 소개 영상을 감상하실 수 있습니다.

위스키는 마시는 방법이 다양하여 니트(원액)로 마시기에 너무 독한 경우 물, 얼음, 칵테일(하이볼) 등 활용할 수 있는 선택지가 많다. 특히 하이볼은 위스키에 대한 접근성을 높이는 데 큰 역할을 하고 있다. 앞으로 당분간 위스키와 하이볼에 대한 인기는 계속될 듯하다.

이 책에서는 위스키에 대한 기초 지식, 강연 중 자주 받았던 질문에 대한 답변과 함께 위스키 하이볼을 함께 다루었다. 위스키 하이볼 레시피도 많이 담겨 있으니, 위스키를 그냥 마시기에 부담이 되는 분들은 하이볼의 형태로 편하게 드실 수 있을 것이다. 이 책이 위스키 입문의 길잡이가 되고, 더 많은 분이 위스키와 친해지는 계기가 되었으면 한다. 나아가 위스키의 대중화에도 작은 보탬이 되었으면 좋겠다.

이 책이 세상에 나오기까지 전 세계의 증류소 관계자분들과 마스터 디스틸러(Master Distiller), 마스터 블렌더(Master Blender) 분들의 도움이 있었다. 수많은 질문에 매번 정성스러운 답변과 사진 자료들을 아끼지 않고 보내주신 그분들에게 깊은 감사를 전한다.

세월이 빚은 술이자, 많은 이들의 열정과 인생이 담긴 위스키. 오늘은 그 위스키 한 잔에 건배하고 싶다.

Sláinte!

저자 전재구

| 목차 |

PART I 웰컴투 위스키

01 위린이를 위한 워밍업
- 01. 코로나가 몰고 온 엄청난 위스키 열풍(feat. 위스키의 매력) • 12
- 02. 위스키의 향과 맛을 결정하는 것은 바로 이것! • 15
- 03. 발렌타인 30년을 20년 보관하면 발렌타인 50년이 될까? • 17
- 04. 위스키는 오래 숙성할수록 좋을까? • 18
- 05. 내가 마시는 위스키에 색소가 들어간다고? • 19
- 06. 위스키가 흘리는 눈물 • 21
- 07. 위스키의 향과 맛은 여기에서 옵니다. • 22

02 입문자의 놀이터에서 전문가처럼 마시기
- 01. 위스키를 맛있게 마시는 꿀팁들 • 25
- 02. 위스키 3 대장을 소개합니다. • 31
- 03. 위스키와 페어링하기 좋은 안주 • 33
- 04. 위스키와 '○○'를 같이 먹는다고요? • 36
- 05. 위스키 1병을 소주로 환산하면 무려! • 38
- 06. 위스키의 배신. 칼로리가 이렇게 높았어? • 38
- 07. 위스키 보관 시 '이것'만은 피해야 합니다. • 40

03 위스키와의 완벽한 첫 만남을 위하여
- 01. 증류소 투어 시 주의할 점 • 42
- 02. 위스키 구매 '성지'들 • 44
- 03. 면세점 위스키 구매 요령 • 47
- 04. 문 닫기 전에 가봐야 할 몰트바(Malt Bar) • 48

04 위스키에 관한 모든 것
   01. 위스키의 정의 및 어원 • 50
   02. 위스키의 역사 • 52
   03. 위스키의 원료 • 56
   04. 위스키의 제조 과정 • 57
   05. 위스키의 분류 • 69
   06. 스카치위스키 • 70

05 위스키로 세계여행
   01. 대표적인 블렌디드 스카치위스키 • 78
   02. 대표적인 스코틀랜드 증류소 • 83
   03. 아이리시 위스키 • 151
   04. 아메리칸 위스키 • 154
   05. 캐나디안 위스키 • 164
   06. 재패니스 위스키 • 166
   07. 타이완 위스키 • 172
   08. 코리안 위스키 • 176

PART II 홈텐더를 위한 하이볼 마스터피스

01 칵테일, 그 순간의 마법
   01. 칵테일의 정의와 어원 • 184
   02. 칵테일의 역사 • 185
   03. 칵테일의 특징 • 186
   04. 칵테일의 분류 • 188
   05. 미국의 금주법과 칵테일의 발전 • 189

02 하이볼, 그 전설의 시작

- 01. 하이볼의 정의, 어원, 역사 • 190
- 02. 하이볼의 기법 • 192
- 03. 하이볼 글라스 • 194
- 04. 하이볼 기구 • 196
- 05. 하이볼의 주재료 • 198
- 06. 하이볼의 부재료(기본 믹서, 시럽, 청, 비터, 차, 혼성주) • 206

03 하이볼 만들기 비법 대공개

- 01. 집에서 만든 하이볼이 맛이 없는 이유는 바로 '○○'때문 • 213
- 02. 하이볼의 화룡점정인 가니시는 단순한 장식이 아닙니다. • 215
- 03. 항공 서비스학과 학생들에게 하이볼의 장점을 물었더니 • 216
- 04. 하이볼 맛을 좌우하는 8가지 비밀 공개 • 217
- 05. 하이볼의 황금 비율이 있다는데 • 219
- 06. 하이볼의 알코올 도수는 몇 도일까요? • 220
- 07. 글라스 밑에 코스터를 받치는 이유 • 220
- 08. 하이볼엔 어떤 안주를 먹나요? • 221

04 홈텐더의 비밀병기, 하이볼 즐기기

- 01. 올바른 재료 보관법을 알려드립니다. • 223
- 02. '나혼산', '먹을 텐데' 등 방송에 나온 하이볼 • 224
- 03. 기물·글라스·재료 구매처 정보 • 225
- 04. 나만의 홈바 만들기 • 226
- 05. 홈파티 주최 노하우 • 227

05 하이볼, 취향에 따라 즐기는 한 잔

- 01. 위스키 하이볼 기본과 응용 • 229
- 02. 단맛을 싫어하는 사람에게 추천하는 하이볼 • 234
- 03. 상큼한 맛을 좋아하는 사람에게 추천하는 하이볼 • 240
- 04. 봄나들이에 추천하는 하이볼 • 244
- 05. 우울한 날 추천하는 달달한 하이볼 • 248
- 06. 캠핑 & 바비큐에 추천하는 하이볼 • 255

PART III 위스키 알쓸신잡(TMI)

01 세계를 매료시킨 위스키
    01. 영화(드라마)에 등장한 위스키 • 262
    02. 노래 가사에 나온 위스키 • 271
    03. 가수 비욘세 등 유명인이 출시한 위스키 • 276
    04. 무라카미 하루키가 쓴 '위스키 성지여행'의 무대는 어디? • 280

02 세계 속 숨겨진 위스키
    01. 영국 국왕 찰스 3세가 사랑한 위스키 • 282
    02. 위스키에 관한 명언: 술보다 더 강한 말들 • 284
    03. 가짜 위스키와 RFID 태그 • 286
    04. 위스키가 비싼 이유가 '종가세'라는데 • 287
    05. 가짜 위스키 제조에 사용된 전설의 캡틴큐 • 287

03 세계를 뒤흔든 위스키
    01. 세계에서 가장 비싼 위스키(feat. 발레리오 아다미) • 289
    02. 스카치위스키를 가장 많이 마시는 나라는 의외로! • 290
    03. 재미로 보는 MBTI 위스키 궁합 • 291
    04. 무알코올 위스키 시장이 열리고 있다. • 295
    05. 한국 위스키의 미래를 위한 한 마디! • 298

04 위스키로 보는 세상
    〈부록1〉 위스키 용어 – 위스키 용어를 알면 위스키가 보여요. • 300
    〈부록2〉 현재 가동 중인 스카치위스키 증류소 리스트 • 315

PART I

웰컴투 위스키

1. 위린이를 위한 워밍업
2. 입문자의 놀이터에서 전문가처럼 마시기
3. 위스키와의 완벽한 첫 만남을 위하여
4. 위스키에 관한 모든 것
5. 위스키로 세계여행

01
위린이를 위한 워밍업

01. 코로나가 몰고 온 엄청난 위스키 열풍(feat. 위스키의 매력)

코로나19를 거치면서 위스키의 인기가 급격히 상승했다. 단체 술자리가 줄고, '양'보다 '질' 중심의 음주 문화로 바뀌면서 젊은 층을 중심으로 '취하기 위한' 음주에서 '즐기기 위한' 음주로 흐름이 변화하고 있다. 이 과정에서 위스키 열풍이 불었고, 위스키가 더 이상 '아재의 술'이 아닌 'MZ의 술'로 세대교체가 되었다는 말이 나올 정도였다.

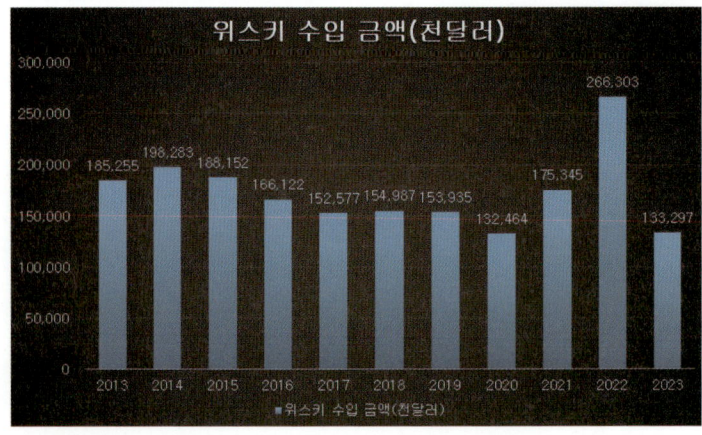

위스키가 큰 인기를 얻으면서 '위스키 코냑 클럽'과 같은 기존 위스키 커뮤니티의 가입자가 폭증했고, '슬기로운 위스키 생활'과 같은 새로운 커뮤니티들이 생기기도 했다. 2007년 9월에 개설된 '위스키 코냑 클럽'의 경우 2021년 12월 4만 명이던 가입자가 2023년 2월 8만 명으로 2배가 늘었고, 2025년 1월에는 15만 명을 돌파했다. 2022년 10월 개설된 '슬기로운 위스키 생활'은 개설된 지 1년 3개월 만인 2024년 1월, 2만 명을 돌파하는 기염을 토했다.

위스키 수입량 또한 증가했다. 2020년 1억 3,246만 4,000달러였던 위스키 수입액은 2022년 2억 6,630만 3,000달러로 2배 이상 급등했다. 이런 위스키 열풍 혹은 대란의 중심에는 향과 맛이 뛰어난 싱글 몰트위스키가 있었다. 하지만 스카치위스키의 경우 법적으로 최소 3년 숙성 기간이 필요하며, 상품으로서의 가치를 가지려면 보통 10년 이상 숙성해야 하므로 생산량이 제한적이다. 그래서 한동안 맥캘란, 발베니, 스프링뱅크, 야마자키 등 유명한 브랜드의 위스키는 가격이 계속 상승했고, 가격을 떠나 구하기조차 어려워서 '오픈런' 현상이 벌어지기도 했다. 수요 증가에 비해 공급이 부족해지면서, 바Bar와 같은 영업장에서는 도매장에 발주할 때 인기 위스키를 다른 위스키와 묶어 구매해야 하는 경우가 생겼다. 인기 위스키를 사기 위해 강제로 사는 위스키를 속어로 '인질(끼워팔기)'이라고 불렀는데, 싱글 몰트 스카치위스키인 맥캘란과 아메리칸 위스키인 옐로우 로즈와 같은 관계다.

위스키 붐이 지속되면서 기업, 공공기관, 단체, 평생교육원, 문화센터 등에서 위스키 강연 요청이 급증했고, 개인을 대상으로 하는 위스키 원데이 클래스도 인기를 끌었다. 특히 20~30대 젊은 층과 여성들의 참여가 크게 늘었으며, 실제 필자가 진행한 강연에서는 평균적으로 90% 이상이 여성이었다. 또한, 커플(부부) 단위로 함께 배우러 오는 경우도 많았는데, 위스키의 매력을 묻자 다양한 대답이 나왔다.

1. **최신 트렌드에 대한 관심**: 평소 술을 많이 마시지 않는 사람들도 위스키가 유행하면서 다른 사람들과의 대화와 소통을 위해 배우려는 경우가 많아졌다.
2. **향과 맛의 매력**: 단순히 도수만 높은 술이 아니라 향과 맛이 좋다는 점이 매력적이다.
3. **보관이 용이함**: 와인과 같은 낮은 도수의 술에 비해 보관이 쉽다. 실제 위스키는 변질의 염려가 거의 없는 주종이다.
4. **숙취가 적음**: 와인, 맥주, 막걸리, 사케와 같은 발효주(양조주)에 비해 위스키와 같은 증류주는 숙취를 유발하는 성분이 훨씬 적다.
5. **가성비**: 처음에는 가격이 비싸다고 여겨지지만, 알코올 도수가 높아서 마시는 양이 많지 않아 콜키지를 활용하면 생각보다 지출하는 금액이 많지 않다.
6. **다이어트에 덜 부담됨**: 알코올 도수가 높아 상대적으로 섭취량이 적어지는 경향이 있다.
7. **편리하고 다양한 음용 방식**: 오프너가 필요 없고, 칠링 없이 바로 마실 수 있다. 마시는 방법이 다양하다.

위스키의 가성비에 의문을 제기하는 사람도 있지만, 최근에는 위스키 콜키지를 받지 않거나, 받더라도 반입을 허용하는 장소가 많아지고 있다. 이에 따라 위스키를 저렴하게 구매해 직접 가져가서 마시는 경우를 생각하면 충분히 이해가 간다. 술을 즐기는 커플의 경우 와인은 보통 2~3병 이상을 마시는 반면, 위스키는 1병이면 충분한 경우가 많다는 점도 영향을 미친다.

02. 위스키의 향과 맛을 결정하는 것은 바로 이것!

모든 술은 가장 중요하게 여겨지는 요소가 다르다. 와인은 포도 품종이 핵심이고, 사케의 경우 쌀(주조호적미)의 종류, 쌀을 깎은 정도, 양조 알코올 첨가 여부에 따라 분류한다. 위스키는 숙성에 사용하는 오크통이 결정적인 역할을 한다. 보통 장기간 숙성하기 때문에 어떤 통에서 숙성했는지에 따라 향과 맛이 달라진다. 전문가에 따라 위스키 맛을 60~80% 정도 오크통이 결정한다고 말한다. 오크통은 마치 사람의 지문처럼 같은 통이 단 한 개도 없다.

스카치위스키의 경우 숙성에 사용되는 통^{Cask}의 종류가 점차 다양해지고 있다. 과거에는 버번, 셰리, 럼, 와인, 맥주 통에서만 숙성하거나 피니시^{Finish}에 사용했지만, 현재는 조건만 충족된다면 다른 증류주^{Spirits}를 숙성하는 데 사용되었던 통을 사용할 수 있도록 유연해졌다. 하지만 핵과^{核果}(매실·복숭아 등)를 사용해 만든 와인·맥주·증류주를 숙성하는 데 사용되었거나, 발효 후 과일·향료·감미료가 첨가된 맥주를 숙성하는 데 사용되었거나, 증류 후 과일·향료·감미료가 첨가된 증류주 등을 숙성하는 데 사용된 통은 사용할 수 없다.

위스키를 숙성하는 오크통의 90%는 버번 캐스크와 셰리 캐스크이다.

버번 캐스크는 미국의 버번위스키를 담았던 통으로, **아메리칸 화이트** 오크 품종을 사용하고, 주로 밝은 황금색에 바닐라, 코코넛, 캐러멜 노트를 지닌다.

셰리 캐스크는 스페인의 주정 강화 와인인 셰리 와인을 담았던 통으로, 스페인이나 포르투갈의 **유러피안 오크**로 만들어진다. 주로 호박색이나 마호가니색에 견과류, 말린 과일, 스파이시한 노트를 지닌다.

최근 셰리 와인의 생산량 감소 등 다양한 이유로 셰리 캐스크의 가격이 급등하면서 상대적으로 저렴한 버번 캐스크를 많이 사용하고 있다. 미국 법에 따라 버번 위스키는 한 번 사용한 통을 재사용할 수 없어, 스코틀랜드 등 세계 위스키 증류소들은 미국에서 폐기 예정인 버번 캐스크를 저렴하게 구매해 위스키를 숙성한다.

한편, 최근에는 **일본산 미즈나라 캐스크**Mizunara Cask가 유행하고 있다. 미즈나라는 일본어로 '물미즈, 水'과 '참나무나라, 楢'가 합쳐진 단어로 우리나라 말로는 물참나무다. 미즈나라 즉 물참나무는 신갈나무와 졸참나무가 교배하여 만들어진 하이브리드 종으로 일본과 우리나라 제주도에서 볼 수 있는 참나무 종이다. 미즈나라는 가격이 비싸고, 친수성親水性이 좋아서 증발하는 양이 보통의 오크통보다 많다(3년에 약 20%의 엔젤스 셰어 발생). 대신에 위스키와 나무의 상호작용이 다른 참나무에 비해 크다는 장점이 있고, 바닐라, 꿀, 샌들우드백단향, 白檀香, 녹차의 풍미를 지닌다.

오크통은 크기에 따라 이름이 달라지는데, 쿼터(Quater, 50리터 혹은 125리터), 옥타브(Octave, 50리터), 배럴(Barrel, 200리터), 와인 바리크(Wine Barrique, 225리터), 혹스헤드(Hogshead, 250리터), 셰리 펀천(Sherry Puncheon, 500리터), 셰리 버트(Sherry Butt, 500리터), 포트 파이프(Port Pipe, 650리터), 마데이라 드럼(Madeira Drum, 650리터) 등이 있다. 국가와 지역에 따라 오크통의 용량에는 차이가 있을 수 있지만, 현재 배럴(200리터)과 혹스헤드(250리터)가 가장 많이 사용된다. 오크통은 크기가 작을수록 증발량이 많아지고, 위스키와 나무의 상호작용이 활발해져 숙성 속도가 빨라진다.

다양한 사이즈의 오크통

03. 발렌타인 30년을 20년 보관하면 발렌타인 50년이 될까?

발렌타인 30년을 20년 더 보관하면 발렌타인 50년이 되느냐는 질문이 의외로 많다. 그러나 위스키의 숙성은 오크통에 들어 있을 때만 진행되며, 병에 담기는 순간 종료된다. 물론 오랜 시간이 지나면 병 안에서도 미묘한 변화가 일어날 수 있다. 위스키가 통에서 숙성되는 동안 색, 향, 맛이 변화하며, 이 과정은 통의 종류, 통의 크기, 숙성 기간, 기후 등에 영향을 받는다. 스카치위스키는 최소 3년 이상 숙성해야 하며, 보통 10~12년 이상 숙성시킨다. 그래서 위스키를 시간의 예술이라고도 한다. 위스키 산업 종사자들의 인터뷰를 보면 "위스키는 인내심이 필요하며, 미래를 바라보며 산다"라는 말을 자주 한다. 오랜 세월 동안 오크통에서 숙성되며 세대를 거쳐 전해질 때, 희소성을 지닌 고귀한 위스키가 탄생한다.

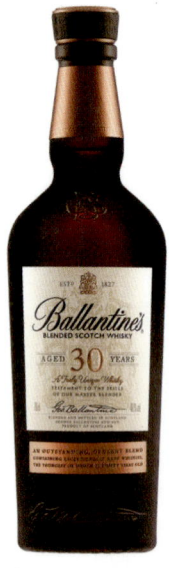

발렌타인 30년

가상의 발렌타인 50년

04. 위스키는 오래 숙성할수록 좋을까?

그렇다면 위스키는 오래 숙성시킬수록 더 좋은 것일까? 자주 듣는 질문 중 하나다. 결론부터 말하면, 오래되고 비싸다고 해서 반드시 더 좋은 것은 아니다. 일반적으로 숙성이 진행될수록 오크통과의 상호작용으로 인해 부드러워지고, 복합적이며 풍미가 깊어진다. 다만 너무 오랜 기간 오크통에 있는 경우, 위스키가 가진 좋은 향과 맛이 오히려 감소할 수도 있다. 극단적으로는, 시간이 지나면서 위스키가 오크통 자체에 가까워질 수도 있다.

오래된 위스키가 비싼 이유는 단지 품질 때문만이 아니라, 역사성과 희소성이 큰 영향을 미친다. 결국 이는 수요와 공급의 원칙을 따른다. 만약 위스키를 수집이나 투자의 관점에서 접근하는 경우라면 역사성이나 희소성이 중요한 요소가 되겠지만, 마시는 술로서 접근하는 경우라면 향과 맛이 가장 중요할 것이다.

맛은 객관적이면서 주관적인 요소다. 저연산 위스키의 다소 거칠고 강렬함을 즐기는 사람도 있고, 고연산 위스키의 우아함과 부드러움을 즐기는 사람도 있다. 결국 선택은 개인의 몫이며, 취향과 예산에 따라 결정하면 된다.

위스키 숙성 창고, 토마틴

05. 내가 마시는 위스키에 캐러멜색소가 들어간다고?

사람은 먼저 눈으로 맛을 본다고 한다. 즉, 색이 맛에 영향을 미치는 것이다. 위스키의 색은 크게 세 가지 요인에 의해 결정된다.

① 위스키 원료와 제조 방식이 색에 영향을 준다. 위스키의 원료로는 주로 보리, 옥수수, 호밀, 밀 등이 사용되며, 발효와 증류 방법도 영향을 준다.

② 숙성 과정이다. 사용된 오크통의 종류와 숙성 기간이 영향을 미친다. 예를 들어, 버번 캐스크, 셰리 캐스크 등 숙성 통의 종류에 따라 색이 달라진다. 버번 캐스크는 위스키에 밝은 황금색을 주고, 셰리 캐스크는 더 진한 색을 준다. 또한, 새 오크통을 사용했는지, 재사용했는지에 따라서도 달라진다. 새 통에 가까울수록 짧은 숙성 기간에도 색이 진해질 수 있다. 버번위스키는 새 통을 사용하기 때문에 짧은 숙성 기간에도 색이 진하다. 그리고 숙성 기간에 따라 기간이 길면 색깔이 진해진다. 시간이 지나면서 오크의 성분들이 더 많이 위스키에 스며들기 때문이다. 오크통에 열을 가하는 과정인 차링과 토스팅의 정도에 따라서도 위스키의 색이 달라진다.

③ 캐러멜색소의 첨가 여부이다. 모든 위스키의 색이 내추럴 컬러는 아니다. 많은 위스키가 캐러멜색소를 첨가해 색을 조절하며, 이는 스코틀랜드를 포함한 일부 국가에서 합법적인 방식이다. 캐러멜색소를 첨가하는 주된 이유는 같은 숙성 연수의 위스키들끼리 색을 일정하게 유지하기 위해서이다. 물론, 오래 숙성된 위스키처럼 보이기 위한 목적도 있다. 따라서 색깔이 짙다고 반드시 오래 숙성된 위스키라고 단정할 수는 없다.

기본적으로 색을 보면 위스키의 향이나 맛을 어느 정도 예상할 수 있다. 일반적으로 술은 색깔이 밝을수록 가벼운 맛을, 어두울수록 묵직한 맛을 띤다. 예를 들어, 밝은 황금색의 위스키는 버번 캐스크 숙성일 확률이 높아 바닐라, 코코넛, 캐러멜 향을 예측할 수 있고, 진한 색의 위스키는 셰리 캐스크가 개입되었을 가능성이 커 오크, 말린 과일, 견과류, 스파이스와 같은 풍미를 예측할 수 있다. 따라서 색만 보고도 내 취향의 위스키를 고르는 데 도움이 될 수 있다.

캐러멜 색

06. 위스키가 흘리는 눈물

위스키의 눈물

위스키 글라스를 스월링Swirling하면 글라스 안쪽이 코팅되면서 위스키가 아래쪽으로 서서히 흐르는 것을 볼 수 있는데, 이를 위스키의 눈물Tears 혹은 다리Legs라고 부른다. 일부에서는 이 눈물이나 다리가 천천히 내려오면 고급 위스키라고 여기지만, 이는 사실과 다소 다르다. 위스키의 눈물 혹은 다리가 천천히 내려오는 이유는 알코올 도수가 높거나 당분의 함량이 높기 때문이다. 알코올은 물보다 비중이 가벼워 도수가 높은 위스키일수록 천천히 내려오게 된다. 그리고 물과 꿀을 각각 글라스에 담아 스월링하면 알 수 있듯이 같은 알코올 도수라면 당분이 높은 쪽이 천천히 내려오게 된다. 위스키를 마실 때 알코올 도수 차이가 많은 제품을 함께 마시는 경우라면 직접 실험해보는 것도 흥미로운 경험이 될 것이다.

07. 위스키의 향과 맛은 여기에서 옵니다.

우리가 위스키에서 감지할 수 있는 대표적인 향에는 레몬, 라임, 오렌지, 자몽, 사과, 자두, 수박, 살구, 복숭아, 프룬, 망고, 파인애플, 배, 딸기, 리치, 바나나, 멜론, 감, 체리, 패션프루트, 건포도, 라벤더, 타임, 헤더, 맥아, 스위트 콘, 밀기울, 박하, 생강, 시나몬, 고수, 팔각, 정향, 감초, 육두구, 후추, 트러플, 토피, 꿀, 바닐라, 코코넛, 캐러멜, 커스터드, 다크 초콜릿, 견과류, 토스트, 커피, 헤이즐넛, 오크, 성냥, 담배, 연필, 타이어, 가죽, 발사믹, 메이플 시럽, 솔, 녹차, 홍차, 올리브오일, 바닷바람, 해초, 굴, 조개껍데기, 훈제 연어, 훈제 베이컨, 잔디, 타르, 페놀, 아세톤, 치즈, 효모, 화약, 바비큐 연기, 버터 스카치, 흙 등이 있다. 그리고 대표적인 맛에는 단맛, 쓴맛, 짠맛, 신맛, 감칠맛이 있다. 그렇다면 이런 향과 맛은 어디에서 비롯되는가?

① 원료인 곡물에서 비롯된다. 기본적으로 맥아 보리는 위스키에 몰티한 맛과 구운 토피 맛을 더해준다. 옥수수는 자연적으로 달콤하며 위스키에 크리미하고 시럽 같은 맛을 준다. 호밀은 위스키에 매콤하고 허브 같은 맛을 주며, 약간의 시트러스 향이 난다. 즉, 원료에 따라 향과 맛이 달라진다.

② 효모의 종류와 양에 따라 달라진다. 어떤 효모는 곡물 향을 더 많이 내고, 어떤 효모는 과일 향이나 꽃 향을 더 많이 낸다. 현재 위스키를 만드는 데 가장 많이 사용되는 효모는 사카로미세스 세레비시아(Saccharomyces Cerevisiae)이다.

③ 보리를 건조하는 과정에서 피트(이탄)를 사용할 때, 위스키에 독특한 스모크, 흙, 해양 향이 추가된다. 피트의 원산지, 피트의 양, 노출 시간에 따라 강도가 달라질 수 있다.

④ 물도 중요한 요소다. 물이 위스키의 최종 맛에 미치는 영향에 대해서는 논쟁의 여지가 있지만, 물에 포함된 미네랄 함량이 어느 정도 영향을 미칠 것이라는 의견이 많다. 사용하는 물의 원천에 대해서 자랑하는 증류소가 많다.

⑤ 발효 과정에서 다양한 화합물이 생성된다. 효모가 당을 알코올로 전환하는 동안 에스테르, 페놀, 알데하이드 등의 화합물이 생성된다. 발효 시간이나 온도도 이러한 화합물의 정도를 바꾸어 최종 위스키의 특성에 영향을 미친다. 에스테르는 산과 알코올이 작용하여 탈수반응을 일으켜 생긴 화합물을 통틀어 이르는 말인데, 대부분(90% 이상) 발효 과정에서 생성이 된다(증류와 숙성 과정에서도 일부 생성됨). 일반적으로 발효 시간이 길어질수록 과일 향이 더 많이 생기는데, 대표적인 에스테르로는 사과 향을 내는 에틸아세테이트(Ethyl Acetate), 바나나 향을 내는 이소아밀 아세테이트(Isoamyl Acetate), 파인애플 향을 내는 에틸부티레이트(Ethyl Butyrate) 등이 있다.

⑥ 증류 과정에 따라 달라진다. 증류기의 모양과 크기, 증류 시간, 증류 속도, 증류 횟수 등이 영향을 미치는데, 증류기의 구리는 황 화합물과 기타 불순물을 제거하여 표면적이 넓을수록 더 많은 상호작용으로 더 부드러운 스피릿을 만든다. 그리고 글렌모렌지 증류기처럼 목이 길수록 더 가볍고 섬세한 위스키를 만들고, 맥캘란 증류기처럼 목이 짧을수록 더 무겁고 풍부한 위스키를 만든다. 또한, 증류기의 종류에 따라서도 달라지는데, 포트 스틸을 사용하는 단식 증류는 더 풍부하고 복합적인 위스키가 만들어지고, 칼럼 스틸을 사용하는 연속식 증류는 더 가볍고 정제된 위스키가 만들어진다. 증류 과정에서도 일부 에스테르가 생성된다.

⑦ 숙성 과정에서 향과 맛이 달라진다. 전문가에 따라 약간의 차이는 있지만 오크통이 위스키의 향과 맛에 가장 중요하다는 점에서는 이견이 없다. 보통 오크통 숙성이 위스키 맛의 60~80%를 결정한다고 한다. 오크통을 토스팅(Toasting) 혹은 차링(Charring)하는 과정에서 오크통에 있는 당분이 캐러멜화된다. 위스키는 숙성 중 오크통과 상호 작용하여 다양한 화합물을 흡수한다. 오크통은 바닐라 향을 내는 바닐린(Vanillin), 정향 향을 내는 유제놀(Eugenol) 등과 같은 화합물을 방출한다. 숙성 과정에서도 일부 에스테르가 생성된다. 오크통의 종류와 크기, 숙성 시간, 기후 등에 따라 위스키의 향과 맛이 달라진다. 오크통이 작을수록 맛에 미치는 영향이 커진다.

마지막으로, 위스키를 만드는 사람의 철학과 기술 역시 중요하다. 원료의 선정, 컷 포인트, 블렌딩 기술 등 인간의 손길이 닿는 부분이 상당하다. 이런 모든 요소가 결합하여 위스키의 향과 맛이 결정된다. 결국, 위스키를 만드는 과정은 하나의 종합예술이라 할 수 있다.

다양한 위스키의 향

02
입문자의 놀이터에서 전문가처럼 마시기

01. 위스키를 맛있게 마시는 꿀팁들

요즘 유행하는 싱글 몰트위스키를 기준으로 마시는 법을 설명한다. 그냥 마시면 되지 뭘 따지냐는 사람도 있다. 하지만 알고 마시면 더 맛있는 것은 분명하다.

① 적합한 글라스가 필요하다. 특히 싱글 몰트위스키처럼 향이 좋은 위스키라면 글렌캐런과 같은 위스키 전용 글라스가 있으면 좋다. 글라스는 깨끗해야 하고, 아무런 향이 없어야 한다. 위스키 글라스를 잡을 때는 가급적 밑부분을 잡도록 한다. 브랜디의 경우 손의 체온으로 데워 마시기도 하는데, 위스키는 그렇게 하지 않는다.

② 잔을 빙빙 돌린 후 향을 맡는다. 향을 맡을 때는 와인의 향을 맡을 때처럼 코를 잔 안으로 깊숙이 넣는다. 스카치위스키는 알코올 함량이 40% 이상이므로 처음에는 너무 자극적이어서 코를 찌르는 느낌이 들 것이다. 잠시 글라스를 떼고 코를 쉬게 한 후에 2~3번 반복해서 향을 맡아본다. 처음에는 느끼지 못했던 향을 두 번째 혹은 세 번째에 느끼게 될 것이다. 달모어를 만든 마스터 블렌더 리처드 패터슨 경은 이렇게 세 번에 나눠서 향을 맡으라고 조언한다.

③ 물을 몇 방울 글라스에 넣고 빙빙 돌린 후 맛을 본다. 이때 바로 목으로 넘기지 말고 5~10초 정도 입안에서 굴려보자. 처음에는 강한 자극으로 입안이 마비되는 느낌이 들 수 있지만, 조금만 참고 굴려보라. 그다음 입안 전체에 위스키를 보내고 꿀꺽한다. 마지막으로

천천히 코로 숨을 쉬면서 피니시를 느껴보자. 이전에는 느끼지 못했던 향과 맛을 느낄 수 있다.
④ 시음 노트를 작성해보자. 사람의 기억으로는 한계가 있으므로 외관, 향, 맛, 피니시, 복합성, 끝으로 전체적인 밸런스를 메모하는 습관을 들이면 내 취향을 찾는 데 큰 도움이 된다.

다음은 위스키를 시음할 때 피해야 할 것들이다.
① 위스키를 시음하기 직전에는 미각에 영향을 줄 수 있는 향과 맛이 너무 강한 음식은 피하는 게 좋다. 불닭발처럼 너무 매운 음식이나 커피처럼 너무 향이 강한 음식은 피하도록 하자.
② 위스키를 마신 직후에 바로 물을 마시는 것은 좋지 않다. 여러 종류의 위스키를 시음할 때 중간중간 물로 입을 헹구는 것은 좋지만, 피니시를 제대로 느끼기 위해서는 위스키를 마신 직후 물을 마시는 것은 피하도록 하자.
③ 위스키에 처음부터 너무 많은 물을 섞는 것은 추천하지 않는다. 마스터 블렌더들은 대부분 향만 맡는 경우가 많으므로 심하게는 위스키와 물을 일대일로 섞는 경우들이 있다. 다만 '마시는' 경우에는 처음부터 물을 많이 섞으면 다시 돌이킬 수 없으니, 처음에는 물을 몇 방울만 섞어 보고, 조금씩 추가하면서 내 취향을 찾는 것이 좋다.
④ 무조건 얼음을 넣는 것도 피하는 것이 좋다. 뒤에서 상세히 설명하겠지만 얼음은 위스키의 좋은 향을 없애고, 때로는 쓴맛을 강하게 만들기 때문에 좋지 않다. 먼저 니트로 원액을 마셔보고, 필요하면 물을 몇 방울 넣어보고, 그래도 마시기 어려운 경우 마지막으로 얼음을 추가해 넣어보자.

여러 종류의 위스키를 시음할 때는 어떤 순서로 하는 것이 좋을까? 모든 위스키를 제대로 시음하기 위한 기본 법칙이 있다.
① 알코올 도수가 낮은 위스키부터 높은 위스키로 진행하는 것이 좋다. 그래서 캐스크 스트렝스가 있는 경우 가장 뒤에 시음한다.
② 드라이한 위스키부터 시작해 점차 스위트한 위스키로 넘어가는 것이 좋다. 술에서 '드라이'란 달지 않다는 의미이다. 예를 들어, 스카치위스키부터 버번위스키 순으로 가면 된다.
③ 기본적으로 숙성 연수가 낮은 위스키부터 높은 위스키로 시음한다. 특히 같은 브랜드의 위

스키라면 12년, 15년, 18년, 21년 순으로 시음한다.

④ 향과 맛이 약한(단순한) 위스키부터 강한(복합적인) 위스키순으로 시음한다. 따라서 언피티드 위스키부터 피티드 위스키순으로 시음하고, 버번 캐스크 숙성 위스키부터 셰리 캐스크 숙성 위스키순으로 시음한다.

⑤ 위스키와 위스키 시음 사이에 물로 입안을 깨끗하게 한다.

위스키는 니트Neat, 물Water, 얼음Ice, 칵테일Cocktail 등 음용 방법을 다양하게 즐길 수 있는 장점이 있다.

① **니트**: 물이나 얼음을 넣지 않고 실온 상태에서 위스키 원액 그대로 마시는 방법을 '니트'라고 한다. 위스키 본연의 향과 맛, 그리고 알코올 그 자체를 즐기는 경우 적합한 방법이다. 가장 기본적이고 전통적인 음용 방법이며, 향과 맛이 뛰어난 싱글 몰트위스키나 고연산 위스키를 마실 때 선호된다. 위스키를 니트로 즐길 경우, 글라스, 온도, 페어링 음식(안주), TPO(Time, Place, Occasion) 등이 중요하다. 가장 먼저 적합한 글라스가 필요하다. 예전에는 위스키를 주문하면 샷 글라스(Shot Glass)와 올드 패션드 글라스(Old Fashioned Glass)를 주는 게 일반적이었는데, 싱글 몰트위스키가 유행하면서부터 글렌캐런 글라스(Glencairn Glass)와 같은 위스키 테이스팅 전용 글라스와 올드 패션드 글라스를 주는 경우가 늘었다.

② **물**: 위스키에 물을 몇 방울 떨어뜨려 마시는 방법이 있다. 물 몇 방울은 향미(Flavor)를 강화하는 효과가 있는데, 원하는 향과 맛을 찾을 때까지 조금씩 첨가해서 나에게 가장 적합한 양을 찾으면 된다. 어떤 과학자들은 물이 불쾌한 향미를 일으키는 화학 물질을 가두거나, 맛있는 요소를 표면으로 끌어내 주는 역할을 한다고 여긴다. 많은 전문가는 이 방법이 싱글 몰트위스키의 풍미를 극대화하는 가장 좋은 방식이라고 말한다. 그래서 몰트바에 가면 워터저그(Waterjug) 등에 물을 담아서, 때로는 스포이드를 꽂아서 주기도 한다. 일본의 경우 섞는 물의 온도에 따라 미즈와리(찬물), 오유와리(따뜻한 물)로 구분하기도 한다. 다만 너무 많은 물을 섞으면 밍밍할 수 있기 때문에 맛을 생각한다면 물이 절반을 넘지 않는 것이 좋다.

③ **얼음**: 얼음을 넣어 마시는 방법이 있다. 주로 제빙기 얼음인 큐브드 아이스(Cubed Ice) 혹은 아이스 볼(Ice Ball)을 많이 사용하는데, 요즘 몰트바에서는 아이스 볼을 비롯한 다양한 형태의 얼음을 제공하고 있다. 과거에는 칼과 송곳으로 카빙(Ice Ball Carving)을 통해 아

이스 볼을 만드는 모습을 고객 앞에서 직접 보여주기도 했지만, 요즘은 아이스팜 같은 특수 얼음 전문 업체에서 미리 주문하여 사용한다. 2010년대 싱글 몰트위스키 유행 초창기에는 아이스 카빙 여부 혹은 아이스 볼 보유 여부에 따라서 그 업장의 수준을 판단하기도 했다. 보통 위스키의 도수가 너무 강하게 느껴질 때 얼음을 넣어 마신다. 얼음을 넣으면 위스키가 부드럽고 시원해지지만, 향과 맛이 약해지는 단점도 있다. 상황에 따라 쓴맛이 강조되기도 한다. 따라서 싱글 몰트위스키처럼 향과 맛이 뛰어난 경우, 가급적 얼음을 사용하지 않는 것이 좋고, 부득이 사용하더라도 제빙기 얼음보다는 천천히 녹아 희석 속도가 느린 아이스 볼과 같은 얼음을 사용하는 것이 바람직하다. 대신, 숙성 연수가 짧은 위스키는 알코올 향이 강하고 거친 면이 있으므로 더 부드럽게 만들기 위해 얼음을 넣어서 마셔도 좋다. 단, 얼음이 작을수록 묽어지는 속도가 빠르다.

집에서 사용하는 정수기 얼음은 지나치게 빨리 녹기 때문에 주의가 필요하다. 얼음 대신 냉동한 스테인리스 큐브를 사용하기도 하지만, 국내에서는 크게 선호되지 않는다. 요즘은 '쥬얼아이스'와 같은 커스텀 아이스 브랜드가 등장하면서, 일반인들도 다양한 모양의 얼음을 직접 만들어서 사용하기도 한다.

위스키 온더록스

쥬얼아이스

④ **칵테일**: 칵테일로 즐기는 방법이 있다. 칵테일에는 사워(Sour), 콜린스(Collins), 슬링(Sling), 토디(Toddy) 등 다양한 스타일이 있으며, 최근 유행하는 하이볼(Highball)도 칵테일의 일종이다. 칵테일이나 하이볼은 저도주(低度酒)를 선호하는 트렌드의 영향도 있고, 위스키 업계로서도 제품 판매 촉진을 위한 전략으로 활용되고 있다.

위스키 베이스 칵테일로는 갓 파더God Father, 뉴욕New York, 러스티 네일Rusty Nail, 로브 로이Rob Roy, 리멤버 더 메인Remember the Maine, 맨해튼Manhattan, 민트 줄렙Mint Julep, 버번 콕Bourbon & Coke, 불바디에Boulevardier, 핫 토디Hot Toddy, 뷰 카레Vieux Carre, 사제락Sazerac, 아이리시 커피Irish Coffee, 올드 패션드Old Fashioned, 위스키 사워Whiskey Sour, 페니실린Penicillin, 페이퍼 플레인Paper Plane, 홀인원Hole-In-One 등이 있다.

올드 패션드

핫 토디

이와 같이 같은 위스키라도 음용 방식이 다양하고, 방법마다 장단점이 있다. 그리고 사람의 취향에 따라 선호하는 방식이 다를 수 있다. 위스키를 즐기는 데 정답은 없으며, 무작정 다른 사람의 의견에 따를 필요도 없다. 향과 맛이 뛰어난 싱글 몰트위스키를 가장 맛있게 마시는 방법이 물 몇 방울이라고 해도 반드시 그 방식대로 마셔야 하는 것은 아니다. 니트로 마셔도 좋고, 얼음을 넣어도 괜찮다. 스페인에서는 콜라와 섞기도 하고, 중국에서는 차가운 녹차와 섞기도 한다.

결국, 자신에게 가장 맞는 음용 방법을 찾는 것이 중요하며, 상황에 따라 그 방법은 달라질 수도 있다. 한 가지 방법에 얽매이지 말고, 다양하게 위스키를 즐겨 보자. 그리고 위스키를 마시는 방법도 중요하지만 결국 누구와 함께 마시느냐가 가장 중요하지 않겠는가.

02. 위스키 '3대장'을 소개합니다.

우리나라 사람들은 숫자 3을 유독 좋아한다. 그래서인지 '3대장'이라는 표현은 여러 분야에서 찾아볼 수 있다. 위스키 세계의 3대장들을 알아보자.

먼저 셰리 3대장이 있다. 맥캘란, 글렌드로낙, 글렌파클라스를 '셰리 3대장' 혹은 '셰리 몬스터'로 부른다.

다음으로 버번 입문 3대장이 있다. 버팔로 트레이스, 메이커스 마크, 와일드 터키를 버번위스키 입문 3대장이라고 부른다.

피트 위스키 3대장도 빼놓을 수 없다. 아일라섬에서 생산되는 아드벡, 라프로익, 라가불린을 피트 위스키 3대장이라고 한다.

마지막으로 블렌디드 위스키 3대장이 있다. 조니워커, 발렌타인, 시바스 리갈(혹은 로얄살루트)을 말한다. 물론 사람에 따라서 이견이 있을 수 있지만 누군가 이런 호칭을 붙임으로써 관심을 끄는 스토리가 탄생하니 재미로 보면 되겠다. 여러분도 나만의 위스키 3대장을 선정해 보는 건 어떨까?

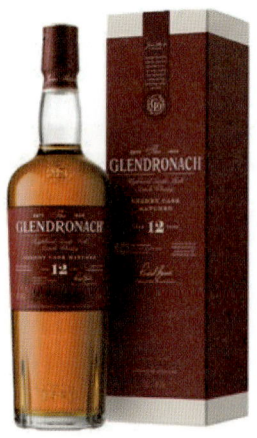

셰리 3대장

03. 위스키와 페어링하기 좋은 안주

위스키 관련 강의 중, 위스키에 어울리는 안주에 관한 질문이 많다. 위스키는 와인과 달리 일반적으로는 음식과 함께 마시는 술은 아니다. 아무래도 식사 때 마시기엔 위스키가 너무 강해서 음식과의 균형이 잘 맞지 않기 때문이다.

우리가 '마리아주 Marriage'라고 부르는 단어는 와인과 음식의 궁합(조화)을 일컫는 말이다. 와인과 음식을 더 맛있게 먹기 위한 조합으로, 와인으로 인해 음식이 더 돋보이거나 반대로 음식으로 인해 와인의 매력을 더 잘 느끼도록 하여 상호 시너지 효과를 내는 것이 마리아주의 핵심이다. 영어로는 페어링 Pairing 혹은 매칭 Matching이라고 한다.

위스키와 음식의 조화는 와인만큼 두드러지게 나타나기 어렵다. 그러나 최근 다양한 음식과 위스키를 페어링하는 행사가 제법 많다. 심지어는 한식과 위스키도 페어링하는데 이는 우리나라도 미식에 관심이 점점 높아져 소비자에게 다양한 미식 경험을 제시하는 일환이기도 하고, 음식과의 페어링 행사를 통해 위스키 판매를 늘리기 위한 전략이기도 하다.

위스키와 다양한 음식

어떤 사람들은 좋은 위스키의 가장 좋은 안주는 물이라고도 하는데, 일반적으로 고객에게 많이 추천하는 안주로는 치즈, 다크 초콜릿, 견과류, 해산물, 과일, 스테이크, 올리브 등이 있다. 페어링의 기본 원칙 중 하나가 유유상종의 원칙이기 때문에, 비슷한 성격의 위스키와 안주를 페어링하는 것이 좋다. 스모키한 위스키와 스모크 치즈를 함께 먹는 식이다. 초콜릿은 밀크 초콜릿보다는 쌉싸름한 맛의 다크 초콜릿이 좋은데, 버번 캐스크 숙성 위스키보다는 셰리 캐스크 숙성 위스키들이 조금 더 잘 어울리는 편이다. 맥캘란 등 셰리 캐스크 숙성 위스키들의 주도적인 풍미 중의 하나가 다크 초콜릿이기 때문이다.

먹는 방법은 다크 초콜릿을 먼저 입에 넣은 다음 약간 녹았을 때 위스키를 살짝 입안으로 흘려보내면 다크 초콜릿과 위스키가 어우러진 색다른 매력을 느낄 수 있다. 실제 스코틀랜드 증류소 중에도 방문객에게 다크 초콜릿을 제공하는 곳이 있다. 고소한 풍미를 가진 위스키는 견과류와 특히 잘 어울리고, 해산물은 짠맛 나는 섬 지역의 위스키와 잘 어울린다. 실제 아일라섬에 가면 증류소에서 굴을 판매하는데, 굴 껍데기에 위스키를 부어서 마시기도 한다. 보모어, 아드벡 등 아일라섬의 위스키들 외에도 스코틀랜드 북서쪽에 있는 스카이섬의 탈리스커 위스키 영상에도 굴이 자주 등장한다. 우리나라에서 돌멍게에 소주를 부어 먹는 걸 생각하면 되겠다. 과일의 경우 신맛이 지나치게 강하지 않은 사과 같은 과일이나 말린 과일이 잘 어울린다. 스테이크의 경우 흰 고기는 부드러운 위스키, 붉은 고기는 강한 위스키와 페어링을 하면 되고, 올리브도 무난한 안주가 된다. 신맛이나 매운맛이 너무 강한 음식은 위스키와의 페어링이 좋지 않다.

다크 초콜릿   올리브   석화

아일라섬에서는 석화에 위스키를 부어서 마시는 것이 흔한 광경이다. 아일라섬의 여러 증류소 중에도 보모어가 원조 격인데, 여기에서는 이것을 '아일라의 아침식사Islay Breakfast 만드는 법' 혹은 '오이스터 루지Oyster Luge'라고 부른다.

위스키와 석화

보모어의 5단계 방법은 다음과 같다.

- **1단계**: 굴 껍데기 안의 짠물(Oyster's Brine) 한 모금 마시기
- **2단계**: 보모어 한 모금 마시기
- **3단계**: 껍데기 안의 굴 먹기
- **4단계**: 껍데기에 보모어 부어서 흔들기
- **5단계**: 껍데기 안의 보모어 마시기

이 과정은 스카치위스키가 바다를 만나는 마법 같은 경험을 선사한다. 아무래도 보모어는 아드벡이나 라프로익에 비해 피트가 약한 편이기 때문에 굴의 특성을 더 잘 느낄 수 있는데, 위스키에 따라서 느낌이 다르므로 내 취향에 맞는 조합을 찾아보면 좋을 듯하다.

04. 위스키와 맥주를 같이 먹는다고요?

유럽이나 미국에서는 위스키와 맥주를 같이 마시는 사람을 종종 볼 수 있다. 필자 역시 위스키와 함께 맥주를 안주 혹은 체이서Chaser로 곁들이는 경우가 많다. 이런 이야기를 하면 의외로 놀라는 분들이 많은데, 사실 위스키와 맥주는 '사촌지간'이라고 해도 과언이 아니다. 둘 다 곡물, 특히 보리를 주원료로 하기 때문이다. 그런데 맥주에 위스키를 섞어 마시는 건 폭탄주가 아니냐는 분들이 많다. 우리나라에서는 '양폭'이라고 해서 양주(위스키 등)와 맥주를 섞어서 마시는 경우가 더러 있다. 이 양폭의 저렴한 버전이 '소폭소맥'인 것이다.

그런데 사실 맥주에 위스키를 섞어서 먹는 것은 원래 보일러메이커Boilermaker란 칵테일이다. 브래드 피트 주연의 영화 '흐르는 강물처럼A River Runs Through It, 1992'에 보면 형제가 바에서 보일러메이커를 마시는 장면이 나온다. 생맥주잔에 위스키 샷 잔을 빠트려 먹는 우리에게도 익숙한 모습이다.

일반적으로 보일러메이커를 만드는 방법은 두 가지가 있다.

① 첫 번째는 위스키를 마신 다음 맥주를 마시는 방법이고,
② 두 번째는 위스키 샷 잔을 맥주잔에 빠트린 후에 마시는 방법이다. 탕수육에 '찍먹파'와 '부먹파'가 있는 것처럼 보일러메이커 마시는 방법도 취향에 따라 달라진다.

보일러메이커　　　　　　　　　　　　와일드 터키 101과 라거

　위스키 증류소나 위스키 관련 잡지 등 해외 사이트를 보면 위스키와 맥주의 페어링을 다룬 글이 많다. 대표적인 조합 몇 가지를 소개하면, 와일드 터키 101과 라거, 메이커스 마크와 앰버 에일, 불릿 10년 버번과 스타우트, 제임슨 아이리시 위스키와 벨지안 페일 에일, 라프로익 10년과 IPA, 글렌모렌지 시그넷과 필스너, 포트 캐스크 싱글 몰트위스키 등과 같은 스위트 위스키와 사워 비어, 라이 위스키와 IPA 등이 있다.
　절대적인 조합은 없으므로 직접 시도해 보면서 나만의 조합을 찾아보는 것도 재미있을 것이다. 다만 위스키와 같은 증류주와 맥주와 같은 발효주를 섞어 마시면 숙취가 생길 수 있으니 지나치게 많은 음주는 피하는 것이 좋다.

05. 위스키 한 병을 소주로 환산하면 무려!

　위스키 한 병은 소주 몇 병에 해당할까? 알코올 도수 16%인 소주를 기준으로 계산해 보자. 알코올 도수 40%, 용량 700mL인 위스키 한 병은 소주 4.9병에 육박한다. 숙성 후 물을 섞지 않고 그대로 병입한 캐스크 스트렝스 위스키인 '아벨라워 아부나흐'는 배치마다 알코올 도수가 약간 다르지만, 평균 61% 내외다. 이를 소주로 환산하면 무려 7.4병이 넘는다. 이는 주량이 소주 1.5병인 사람 5명이 나눠 마실 수 있는 양이다.

1병　　　　　　　　　5병

06. 위스키의 배신. 칼로리가 이렇게 높았어?

　알코올(에탄올)은 그램(g)당 약 7칼로리(kcal)의 열량을 낸다(탄수화물과 단백질은 4칼로리, 지방은 9칼로리). 도수 43%의 위스키 한 병(700mL)은 약 1,673칼로리로, 밥 5~6공기에 해당한다. 다만 탄수화물과 지방이 필요할 때 저장하고 사용할 수 있는 것과 달리 알코올은 저장되지 않고 제거될 때까지 체 수분 Body Water 에 남아 있다. 이 때문에 알코올에서 얻는 에너지는 '영양가 없는 칼로리 Empty Calory'라고 불린다.

알코올은 분자량이 적기 때문에 소화 작용 없이 곧바로 흡수된다. 입을 통해 들어간 알코올은 곧바로 위에 도달하며, 여기서 10~20%가 흡수되고 나머지는 소장에서 흡수된다. 섭취한 알코올 중 약 10%는 폐에서 내쉬는 숨이나 오줌 그리고 땀으로 배출된다. 알코올의 흡수 속도는 체중, 성별, 위장 내 음식물의 유무, 알코올과 함께 들어 있는 성분에 따라 달라지기 때문에 개인의 신체적 조건, 술의 종류에 따라 다양한 영향을 받는다. 빈속에 술을 마시면 빨리 취하는 것은 알코올이 위에서 즉시 소장으로 옮겨져 빨리 흡수되기 때문이다. 반대로 음식물이 위에 있으면 알코올이 음식과 섞이게 되므로 소장으로 이동하는 데 시간이 걸려 알코올의 흡수 속도가 느려진다. 특히 지방이나 단백질이 많은 음식이 위에 있으면 알코올 흡수 속도가 더욱 느려진다. 그리고 술에 탄산음료를 섞어 마시면, 탄산의 이산화탄소가 위벽이나 소장의 벽을 자극하여 알코올의 흡수 속도를 높인다.

위스키 칼로리

알코올의 분해 속도는 사람의 체중, 체질, 성별에 따라 차이가 커서 모든 사람에게 똑같이 적용되지는 않는다. 유전적 요인도 크게 작용한다. 한 잔만 마셔도 온몸이 빨개지며 술기운을 못 이겨 괴로운 사람이 있지만, 그렇지 않은 사람도 있다. 유전적으로 술을 분해하는 효소의 능력에 차이가 있기 때문이다. 같은 체중이라도 여성보다는 남성이 알코올 분해 속도가 빠르다. 여성은 생리 중일 때 평소보다 간의 알코올 분해 속도가 평소보다 느려지므로 술의 영향을 더 크게 받는다.

07. 위스키의 보관 시 '이것'만은 피해야 합니다.

　위스키에 대해 강연하다 보면 보관에 관한 질문도 많은데, 위스키도 대부분 코르크를 사용하니 와인처럼 눕혀서 보관해야 하느냐는 질문이 있었다. 큰일 날 소리다. 만약 위스키를 눕혀서 장시간 보관했다면 높은 알코올로 인해 코르크가 부식될 수 있다. 위스키처럼 알코올 도수가 높거나 혹은 일부 주정 강화 와인처럼 알코올 도수와 산도가 동시에 높은 술은 보통 눕혀서 보관하지 않는다.

　위스키는 직사광선을 피해서 서늘한 곳에 세워서 보관한다. 기본적으로 박스째 그대로 보관하면 되고, 마시기 위해 오픈했더라도 냉장 보관할 필요는 없다. 다만 보관 상태(온도, 습도 등)에 따라 알코올과 향은 날아갈 수 있기에 가급적 수개월 안에 마시는 게 좋다. 필자의 경우 빠르면 3개월, 늦어도 6개월 안에 소비하라고 말씀드린다. 간혹 어르신 중에 좋은 위스키를 선물받았을 경우 아껴서 조금씩 드시는 분들이 계시지만, 개봉 후 위스키의 좋은 향이 점차 사라지므로 수년을 두고 마시는 것은 권장하지 않는다.

　위스키의 보관 온도는, 레드 와인 보관 시 흔히 말하는 실온(15~18℃) 정도가 좋다. 온도가 높으면 알코올이 날아가기 쉽고, 병 내부의 압력이 상승해 코르크가 밀려 올라가며, 뚜껑이 저절로 오픈될 위험이 있다. 그리고 병을 세워서 너무 오래 보관한 경우, 코르크가 말라서 부서지기도 한다. 만약 뚜껑을 열다가 코르크가 병 안에서 부러진다면, 와인오프너를 사용해서 오픈하면 되고, 이 방법이 어렵다면, 아예 코르크를 밀어서 병 안으로 집어넣는 게 낫다. 혹시 코르크 가루가 병 안에 떨어졌다면, 커피 필터나 촘촘한 스트레이너 등으로 가루를 걸러내면 된다. 그래서 장기간 보관하는 위스키는 가끔 병을 기울여 코르크를 적셔주기도 한다.

　위스키 개봉 후에는 마시면 마실수록 병 내부에 공기가 점점 많아지게 되면서 과도한 산화로 위스키 고유의 풍미를 잃어버릴 수 있다. 이런 경우 남은 위스키를 작은 병에 옮겨 담아서 공기와의 접촉을 최소화하거나, 파라 필름 등으로 병목을 감싸서 최대한 밀봉하는 방법도 흔히 사용된다. 일부 몰트바에 가보면 파라 필름으로 병목을 감싼 병들을 볼 수 있다.

WARNING

UV light hazard.

Avoid looking directly at light.

직사광선은 피해야 한다.

03
위스키와의 완벽한 첫 만남을 위하여

01. 증류소 투어 시 주의할 점

오늘날 위스키 산업에서는 하드웨어뿐만 아니라 소프트웨어도 중요하다. 물론 기본적으로 위스키가 좋아야겠지만 위스키를 만드는 증류소의 프로그램도 아주 중요하다. 2022년 스코틀랜드의 위스키 증류소 방문객 수는 약 200만 명에 달했다. 증류소 투어에는 생산 공장 투어, 방문자 센터 테이스팅, 웨어하우스 테이스팅, 다이닝 등 다양한 프로그램이 있다. 증류소를 방문하는 가장 큰 즐거움은 역시 생산 시설 내부 견학과 시음이다.

증류소 투어 시 주의할 점은 다음과 같다.

① 대부분의 증류소 투어는 사전 예약이 필요하다. 공간이나 인원의 제한이 있으므로 방문 전에 미리 온라인이나 전화로 예약하는 것이 좋다. 단순히 방문자 센터(Visitor Centre)를 둘러보는 경우는 예약할 필요가 없지만, 일부 증류소에 따라 방문자 센터도 예약이 필요할 수 있다. 또한, 갑작스러운 일정 변경을 대비해서 환불 정책도 체크를 해두면 좋다. 예를 들어, 어떤 증류소는 투어 시작 48시간 전까지 환불받을 수 있지만, 일부는 환불이 아예 불가능할 수도 있다.

② 증류소 투어는 성인만 참여할 수 있으므로, 반드시 신분증을 지참해야 한다. 어린이의 경우 방문자 센터는 입장이 가능하지만, 증류소 생산 구역에는 불가능한 경우가 대부분이다. 반려동물은 방문자 센터에는 입장이 가능하지만, 대부분의 증류소 생산 구역에는 출입이 제한된다. 하이랜드 파크처럼 도우미견 외의 반려동물을 아예 허용하지 않을 수 있기 때문에 사전 확인이 필요하다. 증류소마다 정책이 다르므로, 반드시 사전에 확인해야 한다.

③ 체험 시작 시각이 지나면 체험이 불가할 수 있기 때문에 반드시 시간을 준수해야 한다. 최소 15분 전에는 방문자 센터에 도착하는 것이 좋다.

④ 운전자의 경우 현장 시음은 불가하다. 다만 보통 별도로 '운전자용 팩(Drivers Pack)'을 준비한다.

⑤ 편한 신발과 따뜻한 옷을 준비해가는 것이 좋다. 하이힐, 사이클링 신발 등 허용되지 않는 신발이 있을 수 있으니 미리 체크한다. 그리고 실내(특히 웨어하우스)는 생각보다 서늘하다.

증류소 투어

증류소 투어

    증류소 투어의 소요 시간과 비용은 증류소와 프로그램에 따라 천차만별이다. 투어 시간은 보통 1시간에서 1시간 30분 내외인데, 식사가 포함될 경우, 2~3시간 이상인 경우도 있다. 투어 비용은 보통 3만 원에서 10만 원 사이인데, 식사가 포함되거나 고가의 위스키를 시음하는 경우 비용은 훨씬 올라갈 수도 있다. 국내 '기원 위스키 증류소'의 경우 현재 투어 비용은 4만 원이며 소요 시간은 1시간 30분이다. 증류소 프로그램 신청은 증류소 홈페이지 혹은 투어 전문 사이트에서 가능하다.

02. 위스키 구매 '성지'들

    위스키를 구매하기에 가장 저렴한 곳은 역시 면세점이다. 특히 우리나라처럼 주류 세금이 높은 경우, 면세 여부에 따라 가격 차이가 크게 난다. 다만 면세점의 경우 해외에 나가거나 제주도라도 가야만 하고, 그마저도 구매가 가능한 수량이 제한적이다. 그리고 환율의 영향을 받는다. 면세점을 제외하면 과거에 가장 활발하게 위스키가 거래되던 곳은 남대문 주류상가와 부산 깡통시장이다. 특히 연말이나 명절이 되면 선물용 위스키를 구매하는 사람들로 북새통을 이루었다. 그런데 코로나 19를 거치면서 백화점과 대형마트에서도 위스키 종류가 늘어나고, 주류 숍, 스마트오더, 해외직구 등 다양한 구매 루트가 생겨났다.

위스키 시장이 커지면서 기존 오프라인 매장의 위스키 코너도 확장되었는데, 특히 온누리상품권 사용이 가능한 전통시장 내 할인점(조양마트, 동부마트, 모닝마트 등)들이 이를 적극적으로 활용하며, 위스키 마니아들 사이에서 '성지'로 불리고 있다. 온누리상품권 가맹점으로만 등록되면 품목에 제한 없이 상품권 거래를 할 수 있다는 점을 이용한 주류 전문점들이 코로나 시국에 전통시장 내에 우후죽순처럼 생겨났는데, 온누리상품권으로 주류를 구매할 경우, 10% 추가 할인받는 셈이기 때문이다. 이런 방법이 문제 제기되어 중소벤처기업부에서도 현장 조사를 통해 행정처분을 내리는 등 개선방안을 마련하고 있고, 2025년부터는 주류 전문점 대부분 온누리상품권 사용이 제한되고 있다.

주류 스마트오더는 2020년 국세청이 '주류 통신 판매 관련 규제를 완화해야 한다'라는 각계의 건의를 받아 허용했는데, 술을 앱Application에서 성인 인증 후 주문과 결제를 하고, 식당이나 편의점 같은 오프라인 매장에서 신분증 확인 후 수령하는 방식이다. 이후 코로나19 팬데믹 시기를 겪으며 급속히 성장해서, 데일리샷, 달리, 키햐, 겟주 등과 같은 스타트업들이 계속 생겼고, 우리동네GS(와인 25+), 포켓CU(CU BAR), 이마트24(보틀오더) 등 주요 편의점들과 대기업 산하 주류 판매 채널들도 뛰어들었다. 다만 엔데믹에 접어들며 이전처럼 밖에서 술을 마시는 수요가 늘자, 수익성이 급격히 저하되어 주류 스마트오더 업계에서 '데일리샷'에 이어 2위를 기록하던 '달리'가 2024년 11월 서비스를 종료하기도 했다. 스마트오더 외에도 개인 해외직구와 해외직구 대행업체들이 점점 증가하고 있다.

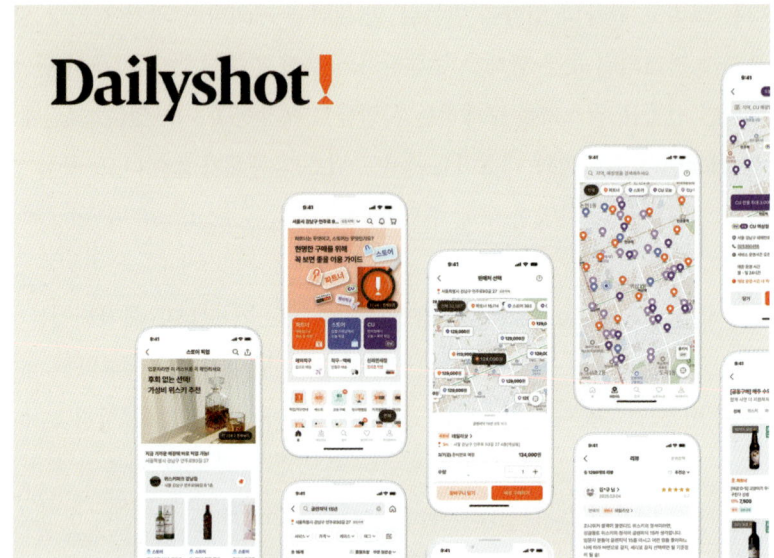

데일리샷

동부마트

03. 면세점 위스키 구매 요령

위스키를 저렴하게 구매하기에 좋은 곳 중 하나가 면세점이다. 물론 면세점은 제주도 혹은 해외에 나가야 이용이 가능하다는 점, 제품이 다양하지 못하다는 점, 환율에 따라 가격이 달라진다는 점 등이 단점이 있지만 가격이 저렴하다는 가장 큰 장점이 있다. 필자 역시 면세점에 갈 때마다 왠지 모를 설렘을 느낀다. 면세점에서 위스키를 구매할 때 고려해야 할 세 가지 간단한 기준이 있다.

① 국내에서 구하기 힘든 위스키
② 국내 가격과 차이가 큰 위스키
③ 면세점에서만 구매할 수 있는 위스키

단, 주의할 점이 있다. 면세점이라고 해서 모든 제품이 저렴한 것은 아니다. 일부 제품은 국내보다 비쌀 수 있기 때문에 가격 비교는 필수다. 가격이나 국내 판매 여부에 대한 검색은 데일리샷과 같은 주류 플랫폼, 대형마트나 편의점 앱에서 하면 된다. 국내 면세점의 위스키 가격도 경쟁력이 있으므로, 면세점 사이트나 앱을 통해 미리 확인한다. 만약 무거워서 휴대가 어려운 경우, 귀국하는 비행기 편으로 예약할 수도 있다. 때로는 기내 면세점이 공항 면세점보다 저렴하다.

면세점

04. 문 닫기 전에 가봐야 할 몰트바(Malt Bar)

위스키 강연의 마지막 시간에는, 몰트바 추천을 요청받는 경우가 많다. 좋은 몰트바의 기준은 사람마다 다르다. 위스키의 종류, 유명세, 서비스, 칵테일의 맛, 분위기, 가성비 등 다양한 기준에 따라 선호하는 몰트바가 다를 수 있다. 따라서 이 리스트가 절대적인 추천 목록은 아니지만, 여러 요소를 고려해 수도권을 중심으로 위스키와 위스키 칵테일을 즐길 수 있는 곳을 소개한다.

[서울의 추천 바]
- **강남구 논현동**: 장생건강원
- **강남구 삼성동**: 몰트바 배럴, 몰트바 오프
- **강남구 신사동**: 빌라 레코드
- **강남구 청담동**: 루팡, 르 챔버, 미스터 칠드런 바, 앨리스 청담, 제스트
- **성동구 성수동 2가**: 몰트바 모리
- **송파구 가락동**: 몰트앤모어
- **송파구 잠실동**: 비바라비다 뮤지엄
- **용산구 이태원 1동**: 와이낫
- **용산구 한남동**: 마이너스, 몰타르, 바 스왈로, 소코, 푸시풋살룬
- **종로구 통인동**: 바 참
- **중구 충무로 5가**: 숙희

[경기도의 추천 바]
- **성남 분당구**: 더 모멘토(정자동), 몰트바 소마(삼평동), 몰트바 케이브(삼평동)

[추천 호텔 바]
- **서울 신라호텔**: 더 라이브러리, 더 디스틸러스 라이브러리
- **조선 팰리스**: 1914 라운지 & 바

- **파크 하얏트 서울**: 더 팀버 하우스
- **포시즌스 호텔 서울**: 찰스 H.

더 모멘토

비바라비다 뮤지엄

04
위스키에 관한 모든 것

01. 위스키의 정의 및 어원

위스키는 보리를 포함한 곡물을 원료로 하여 당화, 발효, 증류, 숙성한 후 병입한 술이다. 비슷한 술로는 포도를 포함한 과실을 원료로 만드는 브랜디가 있다.

위스키라는 이름은 '생명의 물'을 뜻하는 아쿠아 비테$^{Aqua\ Vitae}$에서 유래했으며, 게일어로는 우스게 바하$^{Uisge-Beatha}$라고 불렸다. 어원이 같은 술로는 보드카^{Vodka}, 브랜디^{Brandy}, 아쿠아비트^{Aquavit} 등이 있다. 이들은 모두 증류주로, 보통 발효주(양조주) 여러 병을 증류해야 증류주 1병이 나오게 된다. 옛사람들의 시각에서 보면 발효수를 증류하여 향과 맛이 진하게 농축된 술이 나왔으니 '신비의 영약' 혹은 '생명의 물'이라고 불렸음 직하다.

위스키의 철자는 국가에 따라 달라진다.
- Whisky: 스코틀랜드, 캐나다 등
- Whiskey: 아일랜드, 미국 등

미국은 혼용해서 쓴다. 보통 증류소 설립자가 아일랜드계면 'Whiskey', 그 외에는 'Whisky'로 표기하는 경우가 많다.

또한, 위스키 명칭은 '세부 지역 → 단일 증류소 여부 → 원료 → 생산 국가'의 순서로 구조화되어 표기된다.

위스키라는 단어 앞에 생산 국가의 이름이 표기된다. 예를 들어, 스코틀랜드에서 생산한 위스키라면 '스카치위스키Scotch Whisky'로 쓴다. 그리고 생산 국가 앞에는 원료가 표기된다. 원료가 100% 보리라면 '몰트 스카치위스키Malt Scotch Whisky'라고 부른다. 그리고 원료 앞에는 하나의 증류소 원액인지 여러 증류소의 원액인지를 나타낸다. 하나의 증류소 원액에서 만든 스카치위스키라면 '싱글 몰트 스카치위스키Single Malt Scotch Whisky'라고 부른다. 그리고 스카치위스키의 경우 그 앞에 세부 지역 이름이 오기도 한다. 만약 스코틀랜드에서도 스페이사이드 지역이면 '스페이사이드 싱글 몰트 스카치위스키Speyside Single Malt Scotch Whisky'라고 표기된다.

'스코틀랜드'에서
'100% 보리(몰트)'를 사용해
'하나의 증류소'에서 만든
'스페이사이드 지역' 출신의 위스키는

→ 스페이사이드 싱글 몰트 스카치위스키
　(Speyside Single Malt Scotch Whisky)

우리나라 주세법상 위스키는 소주, 브랜디, 일반 증류주, 리큐르와 함께 증류주류로 분류되며, 위스키에 대한 세율(주세)은 72%에 달한다.

02. 위스키의 역사

위스키의 역사는 증류 기술의 발전과 함께 시작된다. 증류 기술이 있어야만 발효주(양조주)에서 물과 알코올을 분리해서 증류주를 만들 수 있기 때문이다. 증류는 물과 알코올의 비점沸點, 끓는점 차이를 이용하는 과정이다.

물은 100℃에서 끓지만, 알코올의 끓는점은 78.3℃로 물보다 낮으므로 발효주(양조주)에 열을 가하면 알코올이 먼저 끓어 나오는 원리이다. 이 과정에서 알코올만 증발하는 것이 아니라 일부 물도 함께 끓어 나오고, 남은 알코올의 양이 점점 줄어들면서 증류가 시작되는 초류의 알코올 함량은 높지만, 뒤로 갈수록 점점 낮아져 0%에 가까워진다. 증류 후반으로 갈수록 온도가 점점 상승해 탄내가 날 수 있다. 이를 보완하기 위해 일부 업체에서는 감압증류 방식을 사용한다. 감압증류는 내부 압력을 낮추어 끓는점을 낮추는 방식으로, 보통 50℃ 내외에서 증류가 이루어진다.

- **감압증류**: 내부 압력을 낮춰 끓는점을 떨어뜨리는 방식
- **상압(760mmHg)**: 보통 80~95℃에서 증류
- **감압(110mmHg)**: 약 40~50℃에서 증류 가능

감압증류 방식으로 만들면 탄내가 나는 푸르푸랄 성분의 함량과 아세트알데히드 성분, 그리고 유취의 원인인 지방산 에스테르 성분이 낮아지게 되는 장점이 있지만, 상압증류는 풍부한 향을 유지할 수 있는 장점이 있다. 이 때문에 감압증류로 만든 소주는 탄내가 적고, 부드럽고 깔끔한 맛이 나지만, 고비점 화합물(높은 온도에서 생기는 미량 물질)의 함량이 적으므로 전반적으로 향과 맛이 단조롭다.

증류 기술이 위스키의 원조 격인 아일랜드로 어떻게 전파되었는지는 명확하지 않다. 이에 대해 몇 가지 설이 존재한다.

① 중세 이베리아반도에 살았던 무어인(Moors, 아랍계 이슬람교도)에 의해 유럽으로 전달되었다는 설이 가장 유력한 설이다.

② 432년경 기독교의 전도자였던 패트릭(St. Patrick) 성인이 아일랜드인에게 증류 기술을 가르쳤다는 설이다. 아일랜드인들은 패트릭 성인을 '위스키의 아버지'로 여기며, 매년 3월 17일 '세인트 패트릭 데이'를 기념하여 전통적인 축제를 연다.

③ 동방의 증류 기술이 중세 십자군 전쟁을 통해 서양에 전파되어 후에 아일랜드를 거쳐 스코틀랜드에 전파되었다는 설도 있다. 어쨌든 증류 기술이 아일랜드를 거쳐 스코틀랜드로 전파되면서, 사람들은 맥주를 증류하여 위스키를 만들기 시작했다.

위스키에 관한 가장 오래된 기록은 1172년, 영국 왕 헨리 2세가 아일랜드를 정복했을 당시의 아일랜드 사람들이 증류한 술을 '아쿠아 비테(Aqua Vitae)'라며 마시고 있었다는 내용이다.

한편, 스코틀랜드에서 확인되는 가장 오래된 위스키 관련 기록은 1494년 스코틀랜드 재무부의 문서 Exchequer Roll에 남아 있는데, 이 문서에는 스코틀랜드 왕이었던 제임스 4세 James IV, 1473~1513가 린도어스 수도원의 수도사 Lindores monk 존 코어 John Cor에게 8볼의 맥아 8 bolls of malt로 '생명의 물 Aqua Vitae'을 만들라고 지시한 내용이 라틴어로 담겨 있다.

"Et per liberacionem factam fratri Johanni Cor per preceptum compotorum rotulatoris, ut asserit, de mandato domini regis ad faciendum aquavite infra hoc compotum, viii bolle brasil."

라틴어를 영어로 번역하면 다음과 같다.

"And by payment made to Brother John Cor by precept of the comptroller, as he asserts, by the Kings command, to make aquavite within the period of the account, 8 bolls of malt."

우리나라의 위스키 역사는 19세기 후반 개항과 함께 시작됐다. 본격적으로 서양의 술이 유입된 시기는 고종 13년(1876년) 강화도조약 체결 이후로, 당시 관세 조항이 미비했던 탓에, 개항 직후 수년간 불평등한 무관세 무역이 이루어졌다. 1883년 조일통상장정 체결 및 해관세칙 조인을 통해 비로소 무관세 시대가 막을 내리게 된다.

우리나라 최초의 근대 신문인 한성순보 고종 20년 음력 11월 21일 자(양력 1883년 12월 20일 자) 기사에 여러 수출입 물품에 대한 관세를 규정하고 있는데, 박란덕撲蘭德, 브랜디, 상백윤上伯允, 샴페인, 두송자주杜松子酒, 진 등과 함께 30%의 관세를 적용한다는 내용으로 '유사길惟斯吉, 위스키'이란 단어가 등장한다. 위스키와 발음이 비슷한 한자로 표기한 것이다.

당시 조선에 위스키를 들여온 서양인들은 "조선인들은 위스키를 매우 좋아했다."라고 공통적으로 기록하고 있다. 특히 젊은 양반들 사이에서 인기가 높았으며, 한국의 소주(희석식이 아닌 증류식 전통 소주) 역시 도수가 40도를 훌쩍 넘었기에 위스키의 높은 도수에도 거부감이 크지 않았을 것이라는 분석도 있다.

일제강점기에는 경성을 중심으로 한 카페 문화가 발달했고, 1920~1930년대에는 '모던보이Modern Boy'들 사이에서 위스키가 인기를 끌었다.

1980년대에 이르러 국산 위스키가 탄생한다. 정부는 1981년, 오비씨그램, 베리나인, 진로위스키 등 세 곳에 위스키 제조면허를 부여했다. 이는 1986년 아시안 게임과 1988년 서울 올림픽 개최를 앞두고 외국 귀빈 접대를 위한 고급 주류를 확보하려는 목적에서였다.

1982년 4월부터 국내에서도 몰트위스키 원액 생산이 시작되었고, 1987년, 국산 위스키 원액과 수입 위스키 원액을 섞은 위스키가 등장했다. 진로의 '다크호스'

와 오비씨그램의 '디프로매트'가 대표적인 제품이다. 하지만 높은 가격 탓에 소비자 반응은 미미했고, 결국 1991년경 국산 위스키 원액 사업은 전면 중단되었다.

이와 동시에 위스키 수입 시장이 개방되면서, 스코틀랜드 등 해외에서 만든 정통 위스키들이 국내에 본격적으로 들어오기 시작했다.

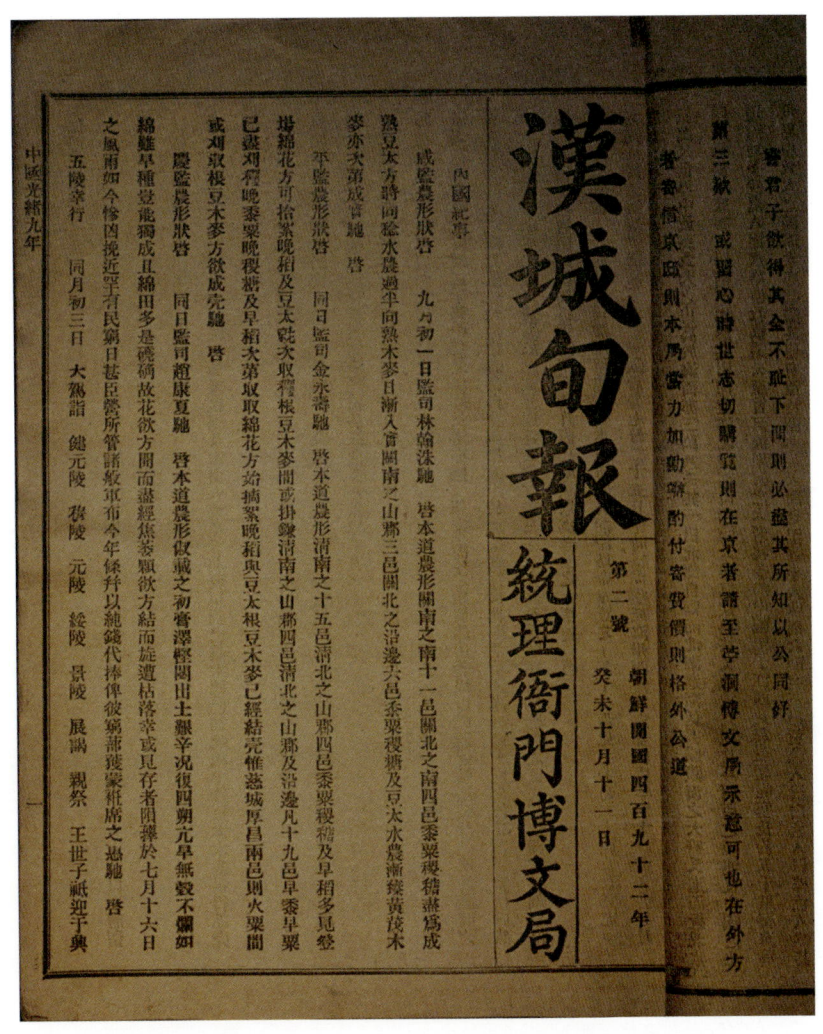

한성순보, 한국민족문화대백과사전

03. 위스키의 원료

위스키를 만드는 데 사용되는 세 가지 기본 원료는 곡물, 효모, 그리고 물이다.

곡물(Cereals)

브랜디가 포도를 비롯한 과실을 원료로 사용하는 반면, 위스키는 다양한 곡물로 만드는데, 생산지에 따라 보리를 싹 틔워 말린 맥아를 비롯해 옥수수, 호밀, 밀 등을 사용한다. 예를 들어, 100% 보리로 만드는 몰트위스키, 51% 이상 옥수수로 만드는 버번위스키, 51% 이상 호밀로 만드는 라이 위스키 등이 대표적이다.

스카치위스키는 곡물 중에서 보리를 가장 많이 사용하는데, 주로 두줄보리를 쓴다. 이는 여섯줄보리에 비해 전분 함유량이 많고, 단백질이 적으며 효소 활성이 뛰어나기 때문이다. 사용하는 보리의 약 90%는 스코틀랜드 현지에서 조달되며, 보리는 품질에 따라 1~9등급으로 분류되는데, 몰팅용으로는 상위 세 등급만 사용한다.

보리를 포함한 모든 곡물은 당화 과정을 거친 후 발효, 증류, 숙성 단계를 통해 위스키로 완성된다.

효모(Yeast)

효모는 단세포 생물로 발효 과정에서 당을 섭취하고 알코올, 이산화탄소, 열, 풍미 화합물을 만들어낸다. 효모 없이는 알코올 발효가 이루어질 수 없다.

자연계에는 수많은 종류의 효모가 존재하지만, 위스키 제조에는 일반적으로 맥주와 빵의 효모로 불리는 '사카로미세스 세레비시아Saccharomyces Cerevisiae'가 사용된다.

스코틀랜드에 비해 미국의 증류소들은 더 다양한 종류의 효모를 사용하는 경향이 있다. 이는 미국의 증류소들이 주로 연속식 증류기와 새 오크통을 사용하기 때문에 풍미에 영향을 줄 수 있는 요소가 제한적이며, 그만큼 효모가 다양한 풍미 형성에 중요한 역할을 하기 때문이다.

물(Water)

물은 위스키 제조에서 중요한 역할을 한다. 다만 그 영향력의 정도에 대해서는 업계 내에서도 의견이 분분하다. 스코틀랜드의 많은 위스키 증류소들이 강, 호수, 계곡 등 수원지 인근에 자리 잡고 있다.

물은 위스키 생산의 여러 단계에 사용된다. 몰팅 과정에서는 보리를 물에 담가 싹을 틔우고, 매싱 과정에서는 분쇄한 맥아(그리스트)에 물을 혼합한다. 또, 병입 전 희석 과정에서도 사용된다. 이 외에도 간접적으로 냉각이나 장비 세척 등 다양한 용도로 활용된다.

물은 일반적으로 연수와 경수로 구분되며, 스코틀랜드에서는 대부분 연수를 사용한다. 그러나 다른 지역에 비해 일부 하이랜드와 로우랜드 지역의 물은 경도가 높은 편이며, 일부 증류소에서는 발효를 촉진하고 더욱 복합적인 향과 강한 맛을 위해 경수를 의도적으로 사용하기도 한다.

스코틀랜드에서 경수를 사용하는 대표적인 증류소는 하이랜드의 딘스톤, 로우랜드의 글렌킨치 증류소 등이다. 한편, 버번을 포함한 미국 위스키의 경우 대부분 경수를 사용하는 것이 특징이다.

04. 위스키의 제조 과정

위스키는 생산지마다 제조 과정이 다를 수 있지만, 여기서는 가장 대표적인 스카치위스키의 일반적인 제조 과정을 소개한다.

몰팅(Malting)

몰팅은 보리를 물에 담가 싹을 틔운 후 건조하여 맥아를 만드는 과정이다.

가장 먼저 이루어지는 단계는 스티핑Steeping이다. 이는 스티프Steep라고 불리는 큰 용기에 보리를 담고 따뜻한 물을 부어, 보리의 수분 함량이 약 45%에 도달하도록 하는 과정이다. 이때 효소가 활성화되며, 건조할 때 피트Peat, 이탄를 사용하면 스모키Smoky해진다.

스코틀랜드에서는 전통적인 방식인 플로어 몰팅Floor Malting을 하기도 한다. 이 방식은 보리를 바닥에 약 30cm 두께로 펼친 후, 사람이 삽으로 직접 뒤집으며 발아 상태를 조절하는 작업이다.

발아가 지나치게 진행되면 발효에 필요한 당분이 소모되므로, 적절한 시점에 건조 과정을 시작해 발아를 중단시킨다. 이 시점을 판단하는 것이 품질에 큰 영향을 미친다.

맥아의 수분을 제거하여 건조하는 넓은 방을 킬른Kiln이라고 한다. 수분을 제거한 맥아는 적절한 크기로 분쇄하는데 이렇게 만들어진 가루를 그리스트Grist라고 부른다.

킬른에 불 피우기, 킬호만   몰트 뒤집기, 스프링뱅크

Milling(밀링)

제분은 맥아를 분쇄해 그리스트를 만드는 과정으로 밀링Milling이라고도 한다. 일반적으로 맥아는 제분 전 수분 함량 약 5%까지 건조한 후 분쇄된다. 그리스트의 일관성 혹은 밀도는 다음 단계인 매싱에서 '발효성 당'의 추출에 중요하다.

그리스트는 일반적으로 다음과 같은 세 가지 요소로 구성된다.

1. 겉껍질(Husk): 15~20%
2. 중간(Grits / Heart / Middles): 70~80%
3. 가루(Flour): 5~10%

이 세 가지 요소의 비율이 적절히 유지되어야 이상적인 당화가 가능하다. 반대로, 분쇄가 너무 곱거나, 혹은 너무 거칠면 매싱 과정이 원활히 이루어지지 못한다.

제분기, 로즈뱅크   제분기, 보모어

Mashing(매싱)

곡물은 바로 발효가 진행되지 않기 때문에, 먼저 곡물 속 전분을 당으로 전환하는 당화 과정이 필요하다. 곡물이 준비되면 곡물을 물과 섞어서 가열하면서 곡물에서 전분을 끌어내서 당으로 바꾸는 과정이 필요하다. 이 과정을 위스키 제조과정에서는 '매싱'이라고 부른다.

이 과정에서 뜨거운 물은 맥아에 들어 있는 전분 분해 효소인 천연 아밀라아제를 활성화해, 전분 분자를 맥아당 등 '발효성 당'으로 분해한다.

매싱은 일반적으로 매시턴이라 불리는 당화조에서 이루어지며, 매시턴의 종류와 펌핑 속도에 따라 최종 위스키의 풍미가 달라질 수 있다.

이렇게 해서 얻어진 당화액을 워트라고 하며, 매싱 후 남은 찌꺼기는 인근 농가의 소나 가축의 사료로 활용된다.

매시턴, 글렌스코샤

당화조 내부, 글렌스코샤

발효(Fermentation)

매싱Mashing 과정을 통해 얻은 당화액 워트wort는 열교환기를 통해 34℃로 냉각된 후, 액상 효모와 혼합하여 워시백Washback이라 불리는 발효조醱酵槽로 주입된다.

발효 과정에서는 효모가 당을 알코올과 이산화탄소로 전환하며, 알코올 도수 약 7~8%의 맥주와 유사한 액체가 만들어진다. 이 액체를 워시Wash라고 부른다. 발효는 위스키 제조에서 알코올을 생성하는 핵심 단계로, 효모의 종류와 발효 시간에 따라 워시의 풍미가 달라진다. 발효 시간은 일반적으로 48~60시간이며, 일부 증류소에서는 60시간 이상 길게 발효하기도 한다.

전통적으로 워시백은 유러피안 낙엽송, 더글라스 전나무美松 같은 목재로 만들어졌는데, 오늘날에는 스테인리스Stainless 제품을 많이 사용한다. 여전히 나무를 선호하는 사람들은 나무가 겨울철에도 열 보존력이 뛰어나고, 발효에 유익한 미생물이 남아 있기 때문이라고 한다.

위스키의 풍미는 이 발효 단계에서 상당 부분 생성되며, 효모의 양, 발효 시간, 온도 등이 영향을 준다.

워시백, 로즈뱅크

증류(Distillation)

발효를 통해 생성된 워시는 증류기를 통해 물과 알코올을 분리해서 알코올 농도를 높이는 증류 과정을 거친다. 스카치위스키는 일반적으로 항아리 모양의 구리 단식 증류기Copper Pot Still를 사용해 두 번 증류하며, 일부 증류소에서는 세 번까지 증류하기도 한다.

첫 번째 증류는 워시 스틸Wash Still에서 진행된다. 이름 그대로 워시를 증류하는 과정으로, 물과 알코올의 끓는점비등점, 沸騰點 차이를 이용한 방식이다. 1기압 상태에서의 물의 비등점은 100℃이며, 알코올의 비등점은 78.3℃로 더 낮다. 이 차이를 이용해 워시를 가열하면, 물이 끓기 전에 알코올이 먼저 끓게 된다. 증발한 알코올의 증기를 모아서 다시 냉각하면 도수가 더 높은 알코올을 얻을 수 있다.

과거에는 직화 방식으로 가열했지만, 오늘날 대부분의 증류소는 증기를 사용해 가열한다. 가열 방식에 따라 결과물의 풍미에 차이가 발생하는데, 직화가 스피릿에 더 복합적인 풍미를 부여할 수도 있다.

첫 번째 증류는 보통 4~6시간 동안 진행되며, 이 과정에서 만들어진 액체를 로우 와인Low Wines이라고 부른다. 증류소마다 다르지만, 보통 알코올 함량 7~8%의 워시를 증류하면 21~30%의 로우 와인이 만들어진다. 이 로우 와인에는 불순물들이 포함되었기 때문에, 스피릿 스틸Spirit Still(로우 와인 스틸)에서 두 번째 증류가 필요하다.

스피릿 스틸에서 이루어지는 두 번째(때로는 세 번째) 증류에서는 컷 포인트Cut Point를 잘 잡는 것이 매우 중요하다. 증류 중 나오는 알코올은 초류Fore Shots 혹은 Heads, 본류Heart, 후류Feints 혹은 Tails로 구분된다.

초류에는 메탄올 등 독성이 있을 수 있어 대부분 버리거나 일부만 재증류에 사용하며, 후류는 알코올 도수가 낮아서 재증류에 사용하고, 본류만 사용한다.

본류의 비율을 줄일수록 양질의 위스키를 생산할 수 있지만, 당연히 생산 원가가 올라간다. 때로 초류와 후류에 포함된 일부 화합물은 위스키에 풍미를 더해준다. 예를 들어, 초류에는 과일 향 등 가벼운 아로마가, 후류에는 페놀류 등의 무거운 향이 포함되어 있다. 따라서 가벼운 위스키를 원할 경우, 컷 포인트를 일찍 설정하고, 무거운 위스키를 만들고 싶을 때는 컷 포인트를 늦게 설정하기도 한다.

두 번째 증류는 보통 6시간 정도 진행되며, 이 과정을 거치면 알코올 함량 약 70%의 스피릿이 생산된다. 세 번째 증류에서는 80% 이상까지 올라가기도 한다.

참고로, 일반적으로 워시 스틸이 스피릿 스틸보다 크기가 크며, 증류기 목에 창문이 달려 있다면 워시 스틸일 가능성이 높다. 또한 워시 스틸은 빨간색, 스피릿 스틸은 파란색으로 칠해두기도 한다.

위스키를 만드는 증류 방식은 크게 단식 증류와 연속식 증류로 나뉜다.

단식 증류 혹은 배치 증류 Batch Distillation는 전통 방식의 포트 스틸 Pot Still을 사용하며, 우리나라의 전통 소줏고리와 유사하다. 워시 Wash를 탱크에 담고 끓여서 모두 증류한 뒤 다시 탱크를 채우는 방식으로, 구조가 간단하여 주로 소규모 증류에 많이 쓰인다. 1회 증류 후에 청소하고 다시 워시를 넣기 때문에 품질은 뛰어나지만 생산 효율성이 낮다. 주로 몰트위스키를 만드는 데 사용되고, 포트 Pot의 모양과 크기, 스완 넥 Swan Neck의 길이, 라인 암 Lyne Arm의 길이와 각도 등에 따라서 결과물에 차이가 생긴다. 증류기는 가열 장치 Heating Source, 포트 Pot, 헤드 Head, 스완 넥 Swan Neck, 라인 암 Lyne Arm, 응축기 Condenser, Worm, 스피릿 세이프 Spirits Safe 등으로 구성이 된다.

반면, **연속식 증류**는 칼럼 스틸 Column Still을 사용한다. 1831년 아일랜드인 아이네아스 코피 Aeneas Coffey의 코피 증류기 Coffey Still는 특허받은 증류기라는 의미로 페이턴트 스틸 Patent Still이라고도 부른다. 이 연속식 증류기 Continuous Still는 단식 증류기가 여러 개 이어져 있다고 보면 되는데, 계속해서 워시를 넣어서 연속으로 증류를 할 수 있기 때문에 대량 생산을 하는데 편리하다. 연속식 증류기를 통해 만들어진 그레인 위스키는, 단식 증류기로 만들어지는 몰트위스키에 비해 더 가볍고 부드러운 풍미를 지닌다. 연속식 증류기는 주로 그레인 위스키를 생산할 때 사용하는데, 그레인 위스키 외에도 버번 등 미국 위스키, 보드카 Vodka, 진 Gin 생산에 많이 사용된다.

칼럼 스틸은 분석기 分析器, Analyzer와 정류기 精溜器, Rectifier 2개의 기둥 Column으로 구성되며, 내부에는 여러 개의 칸막이가 있어 워시와 증기가 왕래하며 반복해서 증류가 이루어진다. 이 과정을 통해 더 순도 높은 알코올이 추출된다. 그래서 단식 증류기는 알코올 함량 약 70% 정도의 위스키를 얻을 수 있는 반면, 연속식 증류기는 무려 95.6%까지 만들 수 있다.

증류기는 왜 스테인리스나 알루미늄이 아닌 구리로 만들까? 위스키 증류기에 주로 구리가 사용되는 이유는 다음과 같다.

1. **우수한 열 전도성**: 구리는 다른 금속보다 열전도율이 매우 높다.
   - **철**: 약 60W/m·K
   - **알루미늄**: 약 237W/m·K
   - **구리**: 약 401W/m·K

   이 덕분에 증류기 내부의 액체를 빠르고 고르게 가열할 수 있다.

2. **황 화합물 제거 기능**: 증류 과정에서 발생하는 황 화합물(황화수소 등)은 좋지 않은 향과 유해 성분을 포함할 수 있는데, 구리는 이를 흡착하여 제거해 준다. 위스키의 풍미를 정제하는 데 중요한 역할을 한다.

3. **가공 용이성**: 구리는 부드러운 금속이어서 복잡한 형태의 증류기를 만들기 쉬우며, 유지 보수도 가능하다.

단점으로는 구리가 다른 금속에 비해 가격이 비싸고, 청소 등 유지 관리가 어렵다는 점이 있다. 실제로 구리 팬을 사용해 본 사람이라면 그 관리의 어려움을 잘 알 것이다.

글렌스코샤 증류기

더 글렌그란트 증류기

맥캘란 증류기

스프링뱅크 워시 스틸과 스틸맨

숙성(Maturation)

증류를 마친 위스키는 오크통에 담겨 숙성된다. 이 숙성 과정은 위스키의 향과 맛을 좌우하는 가장 중요한 단계다.

숙성에 사용하는 오크통은 새 오크를 사용해서 만들거나, 버번이나 셰리 등 다른 술을 숙성하는 데 사용한 오크를 재사용해서 만든다. 스카치위스키의 경우, 사용하는 오크통의 90%가량이 버번 캐스크와 셰리 캐스크이며, 최근에는 상대적으로 저렴하고 구하기 쉬운 버번 캐스크의 비중이 높아지고 있다.

법적으로 정해진 최소 숙성 기간은 국가마다 다르지만, 스카치위스키는 최소 3년 이상 숙성해야 한다. 숙성의 결과는 오크통의 종류와 크기, 숙성 기간, 기후 등의 요소에 따라 달라진다.

전문가들은 위스키 맛의 60~80% 이상은 숙성 통에서 온다고 말한다.

- 유러피안 오크(European Oak): 짙은 색감의 위스키를 만들어내며, 말린 과일, 건포도, 토피(toffee) 같은 풍미가 풍부하고, 쓴맛의 타닌(Tannin) 함량도 높다.
- 아메리칸 오크(American Oak): 색은 비교적 밝고 투명하며, 바닐라, 코코넛, 캐러멜과 같은 달콤한 노트가 특징이다.

오크통의 크기 또한 중요한 요소다. 작은 통일수록 더 빨리 숙성이 되지만, 많은 이들은 큰 통에서 더 우아하게 숙성이 이루어진다고 말한다.

글렌스코샤 웨어하우스

와일드 터키 웨어하우스

블렌딩(Blending)

숙성을 마친 위스키는 병입 전에 블렌딩 작업을 거친다. 특정한 숙성 연수가 표기된 싱글 몰트위스키도 같은 증류소의 다른 통에 든 원액을 블렌딩한다. 싱글 캐스크 위스키는 블렌딩하지 않고 단일 통의 원액만 사용하는 예외적인 경우다.

여러 통의 위스키를 블렌딩 함으로써 복합성Complexity과 균형Balance을 갖춘 위스키가 만들어지고, 배치별 그리고 숙성 연수별 일관성을 유지한다.

이 중요한 블렌딩 과정을 총괄하는 사람이 바로 마스터 블렌더Master Blender이다. 이들은 일관된 색을 위해 캐러멜색소를 첨가하기도 하며, 이는 법적으로 허용된다. 색소를 첨가하지 않는 경우 내추럴 컬러Natural Color라고 병에 표기하기도 한다. 족발을 더 먹음직스럽게 보이기 위해 캐러멜색소를 넣는 것을 생각하면 이해하기 쉽다. 블렌디드 스카치위스키의 경우 보통 20~40가지를 블렌딩하지만, 때로는 100가지 이상의 원액을 블렌딩하기도 한다.

블렌딩, 로크로몬드 마이클 헨리

병입(Bottling)

숙성이 완료된 위스키는 여과 및 희석 과정을 거쳐 병에 담긴다.

먼저, 여과 과정을 거쳐 불순물을 제거하며, 정제수를 사용한 희석 과정을 통해 알코올 함량을 40~46%로 조정한다. 일반적으로 여과는 지방산과 단백질 등을 제거하기 위해 냉각 여과Chill Filtration하는데, 냉각 여과하지 않은 경우, 병에 논칠필터드Non Chill-Filtered라고 표기한다.

한편, 일부 위스키는 한 통에서 숙성된 위스키를 그대로 병에 넣는데 이를 싱글캐스크Single Cask라고 부르고, 만약 희석하지 않고 병에 넣으면 이를 캐스크 스트렝스Cask Strength라고 부른다.

병입, 스프링뱅크

05. 위스키의 분류

위스키는 원료에 따라 몰트위스키Malt Whisky, 그레인 위스키Grain Whisky, 블렌디드 위스키Blended Whisky로 분류한다.

몰트위스키는 100% 엿기름 즉 맥아麥芽로 만든 위스키이고, 그레인 위스키는 발아하지 않은 보리Unmalted Barley, 밀Wheat, 옥수수Corn, 호밀Rye 등 맥아 이외의 곡물로 만든 위스키이며, 블렌디드 위스키는 몰트위스키와 그레인 위스키를 섞은 위스키이다. 최근에는 100% 보리를 원료로 만드는 위스키인 몰트위스키, 그중에서도 하나의 증류소에서 나온 원액만 섞은 싱글 몰트위스키Single Malt Whisky가 국내외에서 큰 인기를 끌고 있다.

위스키는 산지에 따라 아이리시 위스키Irish Whisky, 스카치위스키Scotch Whisky, 아메리칸 위스키American Whisky, 캐나디안 위스키Canadian Whisky로 구분하는데, 이를 세계 4대 위스키라고 부른다. 최근에는 재패니즈 위스키Japanese Whisky를 포함해서 세계 5대 위스키로 불리기도 한다.

아이리시 위스키Irish Whiskey의 유명 상표로는 제임슨Jameson, 부쉬밀Bushmills 등이 있고, 스카치 위스키Scotch Whisky의 유명 상표로는 조니 워커Johnnie Walker, 시바스 리갈Chivas Regal, 로얄살루트Royal Salute, 발렌타인Ballantine's, 제이앤비J&B 등이 있으며, 아메리칸 위스키American Whisky의 유명 상표로는 버번 위스키Bourbon Whiskey인 메이커스 마크Maker's Mark, 버팔로 트레이스Buffalo Trace, 아이 더블유 하퍼I.W.Harper, 올드 그랜드 대드Old Grand Dad, 올드 크로우Old Crow, 와일드 터키Wild Turkey, 짐빔Jim Beam과 테네시 위스키Tennessee Whiskey인 잭 다니엘스Jack Daniel's 등이 있고, 캐나디안 위스키Canadian Whisky의 유명 상표로는 크라운 로얄Crown Royal, 캐나디안 클럽Canadian Club, 블랙 벨벳Black Velvet, 씨그램즈 V.O.Seagram's V.O. 등이 있다.

06. 스카치위스키(Scotch Whisky)

슬란지바(Slàinte Mhath)!
스코틀랜드의 전통 건배사로, 게일어로 '건강을 위하여'를 뜻한다. 스카치위스키는 말 그대로 스코틀랜드에서 생산된 위스키를 의미한다.

영국 법에 따르면, 스카치위스키는 다음과 같은 조건을 충족해야 한다.

- **원료**: 곡물, 물, 효모만 사용
- **제조**: 당화, 발효, 증류, 숙성 전 과정이 스코틀랜드에서 이루어져야 함
- **숙성**: 700리터 이하의 오크통에서 최소 3년 이상 숙성
- **병입 알코올 도수**: 최소 40% 이상
- **증류 도수**: 알코올 94.8% 이하로 증류하여 원재료의 풍미와 향을 유지
- **첨가물**: 향료(Flavouring)와 감미료(Sweetening)는 허용되지 않음

스카치위스키는 영국 법에 따라 다음 5가지로 분류된다.

1. 싱글 몰트 스카치위스키(Single Malt Scotch Whisky)
2. 블렌디드 몰트 스카치위스키(Blended Malt Scotch Whisky)
3. 싱글 그레인 스카치위스키(Single Grain Scotch Whisky)
4. 블렌디드 그레인 스카치위스키(Blended Grain Scotch Whisky)
5. 블렌디드 스카치위스키(Blended Scotch Whisky)

몰트위스키는 100% 엿기름 즉 맥아Malt로 만든 위스키이고, 그레인 위스키는 발아하지 않은 보리Unmalted Barley, 밀Wheat, 옥수수Corn, 호밀Rye 등 맥아 이외의 곡물로 만든 위스키이며, 블렌디드 위스키는 몰트위스키와 그레인 위스키를 섞은 위스키이다. 몰트위스키는 다시 한 증류소의 원액만 섞은 싱글 몰트위스키와 여러 증류소의 원액을 섞은 블렌디드 몰트위스키로 나누고, 그레인 위스키도 싱글 그레인

위스키와 블렌디드 그레인 위스키로 나눈다. 전체 스카치위스키의 약 73%가 블렌디드 스카치위스키이다.

2024년 기준, 스코틀랜드에는 151개(몰트 143개, 그레인 8개)의 몰트와 그레인 위스키 증류소가 있다. 스카치위스키는 대부분 블렌디드 스카치위스키로 소비된다. 몰트위스키는 생산되는 증류소의 지리적인 위치에 따라서 캠벨타운Campbeltown, 하이랜드Highland, 아일라Islay, 로우랜드Lowland, 스페이사이드Speyside 등 5개 지역 중 하나로 분류된다. 각 지역의 지리와 기후는 그곳에서 생산되는 위스키의 특성에 영향을 미친다.

2024년 기준으로 1초당 44병의 스카치위스키가 전 세계 160여 개국에 수출되고 있다. 현재 스카치위스키는 이론의 여지가 없는 위스키 1위 생산국이고, 스카치위스키를 가장 많이 소비하고 있는 국가는 인도, 프랑스, 미국 순이다.

06-1. 캠벨타운 몰트

스코틀랜드 서쪽, 멀 오브 킨타이어Mull of Kintyre 반도 남단에 자리한 캠벨타운Campbeltown은 한때 '세계 위스키의 수도'로 불릴 만큼 위스키 생산의 중심지였다. 특히 '일본 위스키의 아버지'로 불리는 다케츠루 마사타카竹鶴政孝, 1894~1979가 스코틀랜드에서 위스키 양조법을 배우기 위해 머물렀던 도시로도 잘 알려져 있다. 그는 이후 닛카 위스키Nikka Whisky를 설립하며 일본 위스키 산업의 초석을 다졌다.

캠벨타운 위스키의 특징은 대체로 강건하면서도 해풍이 전해주는 바다의 짠맛을 품고 있다. 이 지역의 기후와 토양, 그리고 바닷바람은 특유의 풍미를 더해 준다. 전성기였던 19세기 후반, 캠벨타운에는 30개가 넘는 증류소가 운영되며 활황을 누렸지만, 대공황과 품질 문제 등으로 인해 급속히 쇠퇴했다. 현재 캠벨타운에는 글렌스코샤Glen Scotia, 글렌가일Glengyle, 스프링뱅크Springbank 단 3개의 증류소가 남아 있으며, 이들 증류소는 전통을 지키며 소규모 생산을 통해 캠벨타운 위스키의 명맥을 이어가고 있다.

캠벨타운

06-2. 하이랜드 몰트

하이랜드Highland는 가장 넓은 스카치위스키 생산 지역으로, 2024년 기준으로 55개의 증류소가 활발히 가동되고 있다. 이 지역은 광활한 면적만큼이나 다양한 지형과 기후를 자랑하며, 험준한 산악 지형과 변화무쌍한 날씨, 그리고 일부 연안에 위치한 지역적 특성이 위스키의 풍미에 고스란히 반영된다. 하이랜드 위스키는 일반적으로 강건하고 라운드하며, 달지 않으며, 미세한 피트 향을 품고 있는 것이 특징이다. 지역별로 연안 지역의 위스키는 짠 바다의 풍미가 느껴지고, 북부 지방의 위스키는 헤더Heather 향이 풍부하며 스파이시한 뉘앙스가 두드러진다. 반면, 동부 및 중앙 지역의 위스키는 과일 향이 두드러지는 경향이 있다.

하이랜드

하이랜드의 대표적인 증류소로는 에잇 도어즈8 Doors, 에버펠디Aberfeldy, 아비키 Arbikie, 아드모어Ardmore, 아드나머칸Ardnamurchan, 아드로스Ardross, 발블레어Balblair, 벤 네비스Ben Nevis, 벤베쿨라Benbecula, 블레어 아솔Blair Athol, 브로라Brora, 클라이넬리시 Clynelish, 달모어Dalmore, 달위니Dalwhinnie, 딘스톤Deanston, 에드라두어Edradour, 페터캐른 Fettercairn, 글렌오드Glen Ord, 글렌드로낙Glendronach, 글렌글라사Glenglassaugh, 글렌고인 Glengoyne, 글렌모렌지Glenmorangie, 글렌터렛Glenturret, 하이랜드파크Highland Park, 아란Isle of Arran, Lochranza, 주라Isle of Jura, 라그Lagg, 로크 로몬드Loch Lomond, 오반Oban, 로얄 브라 클라Royal Brackla, 로얄 로크나가Royal Lochnagar, 탈리스커Talisker, 티니닉Teaninich, 토버모리 Tobermory, 토마틴Tomatin 등이 있다.

06-3. 아일라 몰트

스코틀랜드 서해안에 위치한 작은 섬 아일라Islay는 일본의 작가 무라카미 하루키 村上春樹, 1949~가 '위스키의 성지'로 표현하면서 전 세계 위스키 애호가들에게 널리 알려졌다. 이곳에서 위스키는 단순한 술을 넘어 삶의 일부이자 일상 그 자체이다.

어떤 경우에는 화폐처럼 사용되기도 하며, 결혼식, 장례식, 생일 파티 등 모든 경조사와 행사에 빠지지 않는 필수 요소로 여겨진다. 말 그대로 물과 공기처럼, 아일라 사람들의 삶 속에 위스키는 자연스럽게 스며있다.

아일라섬의 크기는 남북으로 약 40km, 동서로 약 32km이다. 현재 10개의 스카치위스키 증류소가 운영되고 있는데, 시기와 증류소 운영 상황에 따라 변동이 있을 수 있다.

아일라는 대서양의 거친 폭풍에 자주 노출되는 지리적 특성으로 인해, 이곳의 위스키는 매우 다채로운 개성을 지니게 된다. 어떤 아일라 위스키는 날카롭고 강렬하며, 바닷바람의 짠 내음이 섞여 있어 인상적이다. 반면, 지형적으로 보호받는 지역에 위치한 증류소의 위스키는 피트 사용이 비교적 적어 보다 부드러운 풍미를 자랑한다.

하지만 전반적으로 아일라 위스키는 강한 피트 향으로 유명하며, 이 향은 사람에 따라 강한 호불호를 일으키기도 한다. 필자의 강의 경험에 따르면, 일반적으로 남성들이 여성보다 피트 향에 더 강한 거부감을 보이는 경향이 있다. 이는 일상에서 향과 접촉하는 빈도 차이에서 비롯된 것으로 보인다.

아일라 위스키는 섬 특유의 해풍 속에서 숙성되며, 그 과정에서 짭짤한 바다의 풍미를 머금게 되는데, 이로 인해 다른 지역과는 확연히 다른 유일무이한 풍미의 세계를 선사한다.

아일라섬에는 아드벡 Ardbeg, 아드나호 Ardnahoe, 보모어 Bowmore, 브룩라디 Bruichladdich, 부나하벤 Bunnahabhain, 쿨일라 Caol Ila, 킬호만 Kilchoman, 라가불린 Lagavulin, 라프로익 Laphroaig, 포트엘렌 Port Ellen과 같은 증류소가 있다.

아일라

아일라 위스키들

06-4. 로우랜드 몰트

    스코틀랜드 남부에 위치한 로우랜드^{Lowland} 지역은 2024년 기준, 23개의 증류소가 가동 중이다. 지난 10년 동안 새로운 증류소들이 꾸준히 문을 열며 점차 주목받고 있지만, 여전히 넓은 면적에 비해 증류소 수는 비교적 적은 편이다. 국내에서는 다른 지역 위스키에 비해 인지도나 인기가 다소 낮은 편이지만, 로우랜드 위스키만의 고유한 매력도 분명히 존재한다. 이 지역의 위스키는 전통적으로 가볍고 부드러운 풍미를 지니며, 섬세하고 정제된 스타일로 잘 알려져 있다.

    로우랜드에 위치한 증류소로는 오켄토션^{Auchentoshan}, 블라드녹^{Bladnoch}, 글렌킨치^{Glenkinchie}, 로즈뱅크^{Rosebank} 등이 있다.

로우랜드

06-5. 스페이사이드 몰트

스코틀랜드 하이랜드의 동쪽, 스페이 강Spey River 주변에 위치한 스페이사이드Speyside는 스코틀랜드는 물론 세계적으로도 가장 유명한 위스키 생산 지역이다. 2024년 기준 이 지역에는 총 52개의 증류소가 가동 중인데, 이 지역의 위스키들은 우아함과 복합성으로 유명하다. 스페이사이드 위스키는 균형 잡힌 보디감body感에 꽃과 과일 향이 어우러진 짙은 풍미의 세련된 맛을 지닌다. 화강암 언덕과 피트 황무지를 흐르는 물은 정제된 스모키함을 더하고, 지형은 위스키에 온화하고 섬세한 성격을 더한다. 스페이사이드는 위스키 애호가들은 물론 입문자들에게도 매력적인 선택지이다.

스페이사이드에는 아벨라워Aberlour, 오크로이스크Auchroisk, 올트모어Aultmore, 발베니Dalvenie, 벤리악Benriach, 벤로막Benromach, 브레발Braeval, 카듀Cardhu, 크래겐모어Cragganmore, 크라이겔라키Craigellachie, 더프타운Dufftown, 글렌 엘긴Glen Elgin, 더 글렌그란트Glen Grant, 글렌 모레이Glen Moray, 글렌알라키GlenAllachie, 글렌버기Glenburgie, 글렌듈란Glendullan, 글렌파클라스Glenfarclas, 글렌피딕Glenfiddich, 글렌리벳Glenlivet, 글렌로시Glenlossie, 글렌로티스Glenrothes, 링크우드Linkwood, 롱몬Longmorn, 맥캘란Macallan, 몰트락Mortlach, 로즈아일Roseisle, 스트라스아일라Strathisla, 탐두Tamdhu, 탐나불린Tamnavulin 등의 증류소가 있다.

스페이사이드

06-6. 그레인위스키

그레인위스키Grain Whisky는 일반적으로 몰트위스키Malt Whisky와 블렌딩되어 블렌디드 스카치위스키를 만드는 데 주로 사용된다. 몰트위스키에 비해 생산 효율이 높고 맛이 부드러워, 블렌디드 위스키의 균형과 부드러움을 책임지는 역할을 한다. 하지만 일부 싱글 그레인위스키Single Grain Whisky는 병입되어, 그 자체만의 섬세하고 깔끔한 풍미를 즐길 수 있도록 제공되기도 한다. 싱글 몰트위스키처럼 복잡하거나 강렬하지는 않지만, 은은하고 매끄러운 질감과 특유의 고소함, 곡물향 등에서 독특한 매력을 느낄 수 있다.

스코틀랜드에서 2024년 기준, 가동 중인 그레인위스키 증류소는 8개가 있는데 카메론브리지Cameronbridge, 스트라스클라이드Strathclyde 등이다.

05
위스키로 세계여행

01. 대표적인 블렌디드 스카치위스키

발렌타인(Ballantine's) - 모든 인류의 친구

발렌타인 하우스는 1827년 스코틀랜드에서 식료품점을 운영하던 조지 발렌타인George Ballantine에 의해 설립되었다. 1910년에 처음으로 발렌타인 파이니스트를 출시했다. 파이니스트는 미국의 금주법 시대, 경찰의 단속에도 서류 가방에 쉽게 숨길 수 있도록 납작한 사각형 병으로 디자인되었다. 발렌타인 마스터즈는 한국 시장을 겨냥해, 선호도가 높은 원액만을 선별해 만든 제품이다. 45종의 몰트와 그레인 위스키를 블렌딩해서 만들었다.

발렌타인 병에 부착된 문장에는 스코틀랜드 국기와 함께 위스키 제조에 필수적인 네 가지 요소(흙, 물, 불, 공기)가 담겨 있다. 문장 밑에 적힌 'Amicus Humani Generis'라는 라틴어 문구는 '모든 인류의 친구'라는 뜻이다. 우리나라에서 인지도가 가장 높은 스카치위스키 중 하나로 발렌타인 21년과 30년은 로얄살루트 21년과 함께 선물용으로 많이 사용된다.

17년

21년

30년

시바스 리갈(Chivas Regal) - 전통과 품격의 상징

1801년 스코틀랜드 애버딘에서 창립한 시바스 브라더스^{Chivas Brothers}는 창립자인 시바스 형제(제임스, 존)에게 경의를 표하는 의미로 1909년부터 '시바스 리갈'이라는 이름의 블렌디드 스카치위스키를 생산하기 시작했다. 1843년에는 영국 빅토리아 여왕으로부터 '로열 워런트^{Royal Warrant}'를 하사받았다. 시바스 브라더스는 이후 시그램을 거쳐, 현재는 프랑스에 본사를 둔 다국적 기업 페르노리카^{Pernod Ricard}에 소속되어 있다. '시바스 리갈 12년'은 1979년 10월 26일, 박정희 전 대통령이 궁정동 만찬에서 마신 위스키로도 잘 알려져 있다. 키 몰트^{Key Malt}는 로얄살루트와 마찬가지로 스페이사이드 지역의 스트라스아일라^{Strathisla}이다.

12년

18년

조니워커(Johnnie Walker) - 전진하는 자의 전통과 품격

1820년 스코틀랜드의 킬마녹에서 존 워커John Walker가 처음으로 자신의 이름을 딴 위스키를 판매하기 시작했다. 1867년에 존의 아들인 알렉산더Alexander가 최초의 워커 브랜드 스카치 '올드 하이랜드 위스키Old Highland Whisky'를 출시했다. 조니워커Johnnie Walker의 상징인 '스트라이딩 맨Striding Man' 로고는 1908년에 처음 등장했으며, 오늘날까지도 브랜드의 정체성을 대표하는 이미지로 사용되고 있다. 1934년에 존 워커 & 선즈John Walker & Sons는 왕실에 위스키를 공급할 수 있는 로열 워런트Royal Warrant를 수여받았다. 영화 블레이드 러너Blade Runner, 레이더스Raiders of the Lost Ark, 록 스탁 앤 투 스모킹 배럴즈Lock, Stock & Two Smoking Barrels, 미녀 삼총사3Charlie's Angels 등에 등장한다.

조니워커 레드 라벨

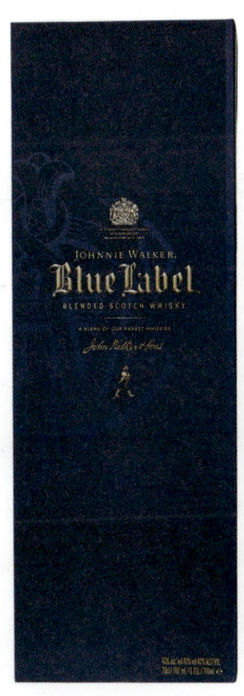

조니워커 블루 라벨

로얄살루트(Royal Salute) - 위스키로 쏘아 올린 왕의 예포

로얄살루트 21년 시그니처 블렌드^{Royal Salute 21-Year-Old The Signature Blend}는 1953년 엘리자베스 2세 여왕^{Queen Elizabeth II, 1926~2022}의 대관식을 기념하기 위해 시바스 브라더스^{Chivas Brothers}에서 처음 만든 블렌디드 스카치위스키이다. '왕의 예포'를 뜻하는 '로얄살루트'라는 이름은 영국 왕실을 뜻하는 '로얄^{Royal}'과 영국 해군이 국왕 주관 행사에서 왕실과 군주에 대한 존경의 표시로 21발의 축포를 쏘는 '건 살루트^{Gun Salute}'에서 영감을 얻어 붙여진 이름이다. 세 가지 색상의 도자기 병이 특징이며, 적색, 녹색, 청색은 각각 영국 왕실의 왕관에 달린 루비, 에메랄드, 사파이어를 상징한다. 키 몰트^{Key Malt}는 스페이사이드 지역의 스트라스아일라^{Strathisla}로 시바스 리갈과 동일하다. 고급스러운 도자기 병 덕분에 발렌타인 21년, 조니워커 블루 라벨과 함께 선물용으로 널리 사용된다. 로얄살루트 21년 컬렉션에는 시그니처 블렌드, 몰트, 로스트 블렌드 세 가지가 있다.

21년   30년   38년

02. 대표적인 스코틀랜드 증류소

02-1. 캠벨타운(Campbeltown)

글렌스코샤(Glen Scotia) 증류소: 사라진 영광을 지키는 캠벨타운의 기억

글렌스코샤 증류소는 1832년, '스튜어트, 갤브레이스 앤 코 Stewart, Galbraith & Co'에 의해 킨타이어 반도 Kintyre Peninsula의 캠벨타운 지역에 설립되었다. 설립될 당시에는 스코샤 Scotia 라는 이름으로 불렸다. 스코틀랜드에서 규모가 작은 증류소 중 하나인 글렌스코샤는 현재 캠벨타운에서 운영 중인 단 세 증류소 중 하나이다.

캠벨타운은 한때 30개가 넘는 증류소가 있었고, 빅토리아 시대에는 '세계의 위스키 수도'로 불렸다. 글렌스코샤는 게일어로 '스코틀랜드의 계곡'을 의미한다. 글렌스코샤 증류소에서는 피트와 논피트 2가지 스타일의 위스키를 생산하는데 가볍고 풀 향이 많은 제품부터, 진하고 스모키한 위스키까지 다양한 스타일을 만든다.

1832년 글렌스코샤 증류소 직원들

글렌스코샤 증류소

스프링뱅크(Springbank) 증류소: 전통을 지키는 장인의 손길

스프링뱅크 증류소는 1828년 아치볼드 미첼Archibald Mitchell에 의해 캠벨타운 지역에 설립되었다. 스프링뱅크는 냉각 여과를 거치지 않고, 캐러멜색소를 첨가하지 않는 내추럴 컬러Natural Color 위스키를 고집한다. 몰팅부터 병입까지 모든 과정을 한 부지 안에서 100% 수작업으로 진행한다.

스프링뱅크는 2.5회 증류 방식으로 유명한데 1차 증류한 원액의 80%만 2차 증류기로 보내고, 남은 20%는 2차 증류 결과물과 섞어 다시 증류하기에 '2.5회 증류'라고 부른다. 스프링뱅크는 풀 보디이고 복합적인 풍미의 싱글 몰트로 유명하다. 영화 '엔젤스 셰어: 천사를 위한 위스키The Angels' Share'의 촬영지 중 한 곳이다. 영화에 아기 출산 축하주로 스프링뱅크 32년이 등장한다.

스프링뱅크 웨어하우스에서 한 잔

스프링뱅크 증류소

02-2. 하이랜드(Highland)

애버펠디(Aberfeldy) 증류소: 골든 드램의 본고장

애버펠디 증류소는 1896년, 블렌딩 회사인 존 듀어 앤 선즈^{John Dewar & Sons}에 의해 하이랜드 위스키 지역의 퍼스셔^{Perthshire} 애버펠디 마을에 설립되었고, 1898년 생산을 시작했으며, 병에는 생산 시작 연도인 1898년이 표기되어 있다.

증류소가 지어진 이 지역은 과거 금광으로도 유명하다. '골든 드램^{Golden Dram}'으로 알려진 애버펠디 위스키는 꿀 같은 향과 맛으로 유명하며, 약 80시간에 이르는 긴 발효 시간과 느린 증류 과정을 거쳐, 가장 달콤한 싱글 몰트 중 하나로 평가받는다. 배럴, 혹스헤드, 버트 등 다양한 크기의 오크통을 사용해 숙성하며, 듀어스 위스키의 키 몰트^{Key Malt}를 생산하고 있다.

애버펠디 증류소

클라이넬리시(Clynelish) 증류소: 녹색 초원 위에 피어난 왁시한 풍미

클라이넬리시 증류소는 1819년 스태퍼드 후작^{Marquess of Stafford, 후일 서덜랜드 공작}에 의해 스코틀랜드 하이랜드 지역 북동쪽 해안 서덜랜드^{Sutherland} 주의 브로라^{Brora} 마을에 설립되었다. 클라이넬리시는 게일어로 '녹색 초원'을 뜻한다.

클라이넬리시 위스키병에 있는 야생 고양이^{Wild Cat} 문양은 서덜랜드 가문의 문장^{紋章}에서 영감을 받은 것으로 위엄과 강인함을 상징한다. 스코틀랜드 북부 해안에서 증류되기 때문에 다른 하이랜드 몰트에 비해 선명하고 밝은 특성을 가지며, 일각에서는 아일랜드 스타일에 가깝다고 평가되기도 한다.

이러한 부드러운 성향 덕분에 식전주로 즐기기에 적합하다. 클라이넬리시는 열대과일과 꿀의 향을 가진 풍부하고 왁시^{Waxy}한 위스키를 만드는데, 조니워커 골드 리저브를 비롯한 조니워커 시리즈의 키 몰트 중 하나이다.

클라이넬리시 증류소

달모어(Dalmore) 증류소: 왕실의 사슴, 품격의 상징

달모어 증류소는 1839년 알렉산더 매더슨 경^{Sir Alexander Matheson}에 의해 하이랜드 지역에 설립되었다. 달모어는 증류소가 위치한 마을의 이름이기도 하며 게일어로 '넓은 목초지'를 의미한다.

1867년, 스코틀랜드의 맥켄지 가문^{Mackenzie Clan}이 달모어 증류소를 인수해 오랫동안 운영했는데 이때부터 모든 병에 12개의 뿔을 가진 사슴 문양을 사용하기 시작했다. 1263년, 맥켄지 가문 초대 족장인 킨테일^{Kintail}의 콜린^{Colin}이 사슴 사냥 도중에 알렉산더 3세^{King Alexander III}의 목숨을 구하게 되었고, 왕은 왕실의 상징인 12개의 뿔을 가진 수사슴 문장을 맥켄지 가문이 사용할 수 있게 허락한 것이다.

달모어 위스키는 진한 과일 향과 오렌지 마멀레이드, 초콜릿, 몰트, 셰리 풍미를 지니고 있으며 영화 '킹스맨'의 위스키로도 유명하다.

달모어 증류소

딘스톤(Deanston) 증류소: 면직 공장에서 태어난 순수한 위스키

1785년에 지어진 아델피 면직 공장Adelphi Cotton Mill이 1965년에 문을 닫은 후, 이듬해 1966년, 브로디 헵번Brodie Hepburn에 의해 설립된 하이랜드 지역의 증류소이다. 냉각 여과를 거치지 않으며, 캐러멜색소도 첨가하지 않아 순수한 풍미를 유지한다. 영화 '엔젤스 셰어: 천사를 위한 위스키'의 촬영지 중 한 곳이다.

딘스톤 증류소

에드라두어(Edradour) 증류소: 두 강 사이, 스코틀랜드에서 가장 작은 증류소

1825년 지역 농부들의 협동조합으로 하이랜드 지역에 설립된 증류소이다. 스코틀랜드에서 가장 작은 싱글 몰트위스키 증류소이다. 증류소를 운영하는 인력이 2~3명이라 방문객을 받지 못할 정도로 소규모이다. 에드라두어는 게일어로 '두 강 사이Between Two Rivers'를 뜻하며, 이는 테이Tay 강과 텀멜Tummel 강 사이에 자리 잡은 증류소의 지리적 특성을 반영한 것이다. 에드라두어는 오늘날까지도 전통적인 생산 방식으로 위스키를 만들며, 이를 통해 얻어지는 위스키는 풍부한 보디감, 은은한 과일 향, 미세한 스파이시함을 지닌다.

에드라두어 증류소

에드라두어 증류기

글렌 기어리(Glen Garioch) 증류소: 스코틀랜드 가장 동쪽, 꿀처럼 부드러운 몰트

1797년, 토마스 심슨^{Thomas Simpson}에 의해 스코틀랜드 하이랜드 지역에 설립된 글렌 기어리 증류소는 스코틀랜드에서 가장 오래된 증류소 중 하나로, 가장 동쪽에 위치해 있다. '글렌 기어리'라는 이름은 '곡창(곡물 저장고)'을 뜻하는 스코틀랜드 방언 도릭^{Doric}에서 유래했으며, 지역의 계곡 이름에서 따온 것이다.

이 증류소의 위스키는 냉각 여과를 거치지 않고, 자연 그대로의 색상^{Natural Color}을 유지한다. 꿀처럼 달콤한 향과 부드럽고 크리미한 질감, 그리고 은은하게 퍼지는 곡물과 견과류의 풍미가 특징이다.

글렌 기어리 증류소

글렌드로낙(Glendronach) 증류소: 블랙베리 계곡에서 피어난 셰리의 정수

글렌드로낙 증류소는 1826년 제임스 앨러다이스(James Allardice)가 이끈 지역 농부들의 파트너십인 글렌드로낙 디스틸러리 컴퍼니(Glendronach Distillery Co)에 의해 하이랜드 지역에 설립되었다. 글렌드로낙은 게일어로 '블랙베리 계곡'이란 의미이다.

글렌드로낙은 오늘날 싱글 몰트 시장에서 셰리 숙성 위스키의 대표주자로 손꼽히는데, 올로로소 셰리와 페드로 히메네스 캐스크를 적극적으로 사용하는 숙성 방식은 위스키에 깊고 풍부한 건과일, 다크 초콜릿, 향신료, 견과류의 풍미를 부여한다. 이로 인해 국내 위스키 애호가들 사이에서 맥캘란, 글렌파클라스와 함께 '셰리 3대장' 혹은 '셰리 몬스터'로 불린다.

특히 글렌드로낙은 냉각 여과를 거치지 않고 캐러멜색소를 첨가하지 않는 철학을 바탕으로 셰리 캐스크 고유의 깊은 컬러와 풍미를 있는 그대로 전달하는 데 집중하고 있다.

글렌드로낙 증류소

글렌드로낙 증류기

글렌글라사(Glenglassaugh) 증류소: 땅과 바다가 빚어낸 하이랜드의 보석

글렌글라사GlenGlassaugh 증류소는 1875년, 스코틀랜드 하이랜드 지역의 북동쪽 해안에 제임스 모이어 대령Colonel James Moir에 의해 설립되었다. 증류소의 이름은 인근의 글라스 샘Glassaugh Spring에서 유래했으며, 게일어로 '회녹색 지역의 계곡'을 뜻한다.

글렌글라사는 바다와 맞닿은 해안에 위치한 입지 조건 덕분에 '땅과 바다가 빚어낸 보석'이라는 별칭으로도 불린다. 실제로 증류소의 공식 홈페이지 첫 화면에서도 자사의 위스키를 '코스탈Coastal' 위스키라고 명시하며, 해풍과 바다 내음이 위스키의 개성에 깊이 반영되어 있음을 강조한다.

글렌글라사 위스키는 잘 익은 달콤한 과일 향과 짭짤한 바다 풍미를 지니고 있다. 한동안 문을 닫았던 이 증류소는 2008년, 긴 침묵을 깨고 다시 가동을 시작했다.

글렌글라사 증류소

글렌고인(Glengoyne) 증류소: '거위의 계곡'에서 태어난 가장 느린 증류

1820년 조지 코넬^{George Connell}은 하이랜드 지역 번풋 농장^{Burnfoot Farm}에서 증류를 시작했고, 1833년 합법적인 증류 면허를 취득했다. 1907년에 윌리엄 맥기치^{William McGeachie}가 '번풋의 글렌긴^{Glenguin of Burnfoot}'에서 글렌고인 증류소로 이름을 변경했다.

글렌고인은 게일어로 '거위의 계곡'을 의미하며, 실제로 매년 겨울이면 거위 떼가 글렌고인 증류소 뒤편 언덕을 지나가는 장관이 펼쳐진다. 글렌고인은 영화 '엔젤스 셰어: 천사를 위한 위스키'의 촬영지 중 한 곳이다.

이 증류소는 다른 증류소에 비해 3배 정도 느린 분당 4~5리터의 증류 속도를 강조한다. 과일 향이 강하고 복합적이다.

글렌고인 증류소

글렌모렌지(Glenmorangie) 증류소: 기린처럼 우아하고, 고요한 계곡의 몰트

1843년, 스코틀랜드 하이랜드 북부의 작은 마을 테인^{Tain}에서 윌리엄 매더슨^{William Matheson}과 그의 아내 앤^{Anne}에 의해 설립되었다. 본래 지역 양조장으로 사용되던 장소를 개조해 만든 증류소로, 증류소 이름인 '글렌모렌지'는 게일어로 '고요의 계곡^{Valley of Tranquillity}'을 뜻한다.

글렌모렌지는 스코틀랜드 내에서 가장 키가 큰 5.14m의 증류기를 사용하고, 맥아 건조 과정에서 피트를 사용하지 않기 때문에 부드럽고 섬세한 풍미를 만든다. 다 자란 수컷 기린의 키와 같은 증류기로 인해 증류소를 상징하는 동물도 기린이다.

글렌모렌지의 로고는 8세기 스코틀랜드 북동부를 지배했던 픽트족^{Picts}이 남긴 고대 돌 Hilton of Cadboll Stone에 새겨진 소용돌이 문양에서 영감을 받았다. 이 고대 조각은 시간과 유산, 자연의 흐름을 상징하며, 글렌모렌지가 추구하는 전통과 정제된 아름다움을 잘 표현하고 있다.

글렌모렌지 증류소

글렌모렌지 증류기

하이랜드 파크(Highland Park) 증류소: 섬과 피트, 그리고 전통의 만남

하이랜드 파크 증류소는 1798년, 교회 교구 직원이자 위스키 밀수업자였던 매그너스 '맨시' 은슨Magnus 'Mansie' Eunson이 오크니 제도의 커크월Kirkwall에 설립했다. 1826년에는 정식 증류 면허를 받아 합법적인 증류소로 자리 잡았다.

'하이랜드 파크'라는 이름은 지역으로서의 하이랜드가 아닌, 오크니 제도의 수도 커크월이 내려다보이는 높은 지대에 있는 증류소를 지칭한다. 스코틀랜드에서 오크니 증류소 다음 두 번째로 북쪽에 있는 증류소이며, 공식적으로 5개 지역(아일라, 캠벨타운, 하이랜드, 스페이사이드, 로우랜드)으로 분류하여 하이랜드 파크도 하이랜드 지역에 포함된다. 하이랜드의 피트는 나무에 리그닌Lignin이 많아 더 스모키하고, 아일라의 피트는 해양 식물과 크레오솔Creosol이 더 많이 함유되어 있는데, 오크니의 피트는 물이끼와 헤더로 구성되어 있다. 하이랜드 파크의 위스키는 은은한 스모키함에 향긋한 과일 향이 어우러져 풍부한 맛의 깊이를 더해준다.

하이랜드 파크 증류소

아일 오브 라세이(Isle of Raasay) 증류소: 섬의 모든 것을 담은 위스키

아일 오브 라세이 증류소는 2017년, 공동 창립자인 빌 도비Bill Dobbie와 알라스데어 데이Alasdair Day에 의해 헤브리디안 제도의 라세이섬에 설립되었다. 라세이는 스칸디나비아어로 '붉은 사슴의 섬'이란 의미이다.

'라세이의 모든 것을 위스키 한 병에 담는다'라는 것이 라세이 증류소의 철학이다. 짧게는 70시간, 길게는 100시간 이상 발효하기 때문에 위스키에 은은한 피트 향과 함께 블랙커런트, 체리 등 검은 과실의 짙은 풍미가 담긴다.

병 모양으로 생긴 '델몬트 병 위스키'라는 별명도 있다. 이 증류소에는 한국인 이세기씨가 디스틸러로 근무하고 있다.

라세이 증류소

아란(Arran) 증류소(로크란자 증류소): 전통과 젊은 감성이 만나는 섬 위스키

아란 증류소는 1994년, 아란섬Isle of Arran의 북쪽 로크란자Lochranza 마을에 증류소를 짓기 시작해, 1995년 공식적으로 증류를 시작한 비교적 신생 증류소이다. 내추럴 컬러Natural Colour와 논칠필터드Non-chill Filtered 철학을 고수하며 제품들을 생산하는 것으로 유명하다.

1997년, 엘리자베스 여왕에 의해 방문자 센터가 개관되었고, 윌리엄과 해리 왕자를 위한 두 개의 캐스크를 헌정받았다. 이 캐스크는 여전히 1번 웨어하우스에서 숙성되고 있다.

1998년, 3년의 숙성을 끝낸 첫 번째 아란 싱글 몰트 스카치위스키 캐스크는 스코틀랜드 영화배우 이완 맥그리거Ewan McGregor가 오픈했고, 이완의 캐스크는 여전히 왕자들의 캐스크 옆에서 잠자고 있다.

2006년 봄에는 최초의 공식 아란 몰트 10년 제품이 출시되었고, 2019년에는 섬 남쪽에 두 번째 증류소 라그Lagg를 오픈했다.

로크란자 증류소

주라(Jura) 증류소: 사슴의 섬에서 탄생한 고립된 풍미를 지닌 위스키

주라 증류소는 1810년, 아치볼드 캠벨Archibald Campbell에 의해서 주라섬에 설립되었다. '주라'라는 이름은 고대 스칸디나비아어로 '사슴'을 의미하며, 그 이름처럼 이 섬은 사람보다 사슴이 훨씬 많기로 유명하다.

주라섬은 아일라섬 바로 옆에 위치하지만, 피트가 강한 아일라 스타일과는 대조적으로 깔끔하고 우아한 하이랜드 스타일에 더 가깝다.

이곳의 위스키는 강한 과일 향과 버터 향을 지니고 있는데 우리나라에서는 호불호가 갈린다.

주라 증류소

로크로몬드(Loch Lomond) 증류소: 스코틀랜드의 빛나는 물결에서 탄생한 위스키

1814년 설립된 로크로몬드 증류소는 폐쇄되었고, 현재의 증류소는 1965년 던컨 토마스 Duncan Thomas와 미국 기업 바튼 브랜즈 Barton Brands에 의해 설립되었다. 로크로몬드는 로몬드 호수란 뜻으로 인근 '로몬드' 호수의 이름에서 따온 것으로, 게일어로 '빛나다'란 뜻의 '루몬 Lumon'에서 유래했다.

이 증류소는 스코틀랜드에서 유일하게 몰트, 그레인, 블렌디드 원액을 모두 자체 생산한다. 다양한 형태의 증류기 포트 스틸과 칼럼 스틸를 활용한 다양한 스타일의 위스키를 만들 수 있는 진정한 하이브리드 증류소로 평가받는다. 세계에서 가장 오래된 골프 대회인 '디 오픈 챔피언십 The Open Championship'의 메인 스폰서이기도 하다.

로크로몬드 위스키는 과일, 꿀, 은은한 스모크 향을 지니고 있다. 이 증류소는 2024년 IWSC International Wine & Spirit Competition에서 '올해의 스카치위스키 증류소'로 선정되었다.

로크로몬드 증류기

로크로몬드 스피릿 세이프

오반(Oban) 증류소: '작은 만'에서 피어난 위스키의 정수

1794년, 스코틀랜드 하이랜드의 해안가에서 존John과 휴 스티븐슨Hugh Stevenson 형제에 의해 설립된 이 증류소는, 스코틀랜드에서 가장 오래된 합법 면허 취득 증류소 중 하나다. 오반은 게일어로 '작은 만'이란 뜻인데, 아가일 앤 뷰트(Argyll and Bute)에 위치한 리조트 마을 이름이기도 하다. 이곳은 바다와 맞닿은 해변 증류소이자 도심 속에 녹아든 도시 증류소라는 점에서 그 입지가 독특하다.

총 부지는 46,069제곱피트로 약 4,280㎡(1,295평) 정도이다. 증류소의 위치가 해변에서 불과 208걸음 떨어진 곳에 자리 잡고 있다. 2024년 현재 증류소 직원은 단 7명이다. 오반 위스키는 아주 긴 발효 과정으로 인해 풍부한 맛의 하이랜드 특성을 지닌다. 일반 증류소는 발효가 48~60시간 사이에 완료되는 데 비해, 오반 증류소는 110시간 이상(약 5일간) 발효를 진행한다. 이 과정으로 생성되는 풍부한 에스테르와 복합적인 과일 향은 오반 위스키의 핵심적인 매력 요소이다. 전통적인 방식의 웜 텁 응축기를 사용하고 있으며, 스코틀랜드에서 가장 작은 증류기를 사용하고 있다.

오반 위스키는 프루티하고 약간 스모키하며 입안에서 질감이 느껴지는 풀 보디 위스키를 생산한다. 스코틀랜드에서 가장 작은 증류소 중 하나이며, 마름모꼴을 연속적으로 배치하여 구성한 무늬를 아가일Argyle이라고 하는데, 아가일은 스코틀랜드 하이랜드 서부에 위치한 아가일 앤 뷰트에서 활동하던 캠벨 가문의 패턴에서 유래했다. 사선으로 그어지며 생기는 마름모꼴이 아가일의 가장 큰 특징이다.

오반 증류소

로얄 브라클라(Royal Brackla) 증류소: 왕이 선택한 첫 번째 스카치

1812년, 전직 군인인 윌리엄 프레이저 대위Captain William Fraser에 의해 하이랜드 지역 카우도르 성Cawdor Castle 부지에 설립된 로얄 브라클라 증류소는, 윌리엄 프레이저가 태어난 곳이기도 하다. 카우도르 성은 1380년경에 건설된 성으로, 셰익스피어의 4대 비극 중 하나인 '맥베스Macbeth'의 배경으로도 유명하다.

로얄 브라클라는 1833년에 윌리엄 4세King William IV로부터 로열 워런트를 수여받은 최초의 스카치위스키이다. 그리하여 'The King's Own Whisky'라고 불리었고, 이러한 내용이 병 라벨에도 표기되어 있다.

로얄 브라클라 위스키는 풍부한 셰리 향과 과일 향을 지니고 있는데, 블렌디드 스카치위스키 듀어스Dewar's의 키 몰트 중 하나이다.

로얄 브라클라 증류소

탈리스커(Talisker) 증류소 : 거센 파도가 빚어낸 바다의 위스키

스코틀랜드 북부 스카이섬Isle of Skye의 가장 오래된 싱글 몰트 스카치위스키 증류소인 탈리스커는 에익Eigg섬 출신인 휴 맥아스킬Hugh MacAskill과 케니스 맥아스킬Kenneth MacAskill 형제에 의해 1830년에 설립되었다.

탈리스커는 '바다가 만든 위스키'라는 점을 강조하는데, 탈리스커의 뜻은 '경사진 바위'를 뜻하는 고대 스칸디나비아 말Old Norse인 'Thalas Gair'에서 유래했다. 탈리스커의 강렬함은 증류소 옆 지하 샘에서 직접 끌어올린 담수, 두 개의 독특한 워시 스틸, 나무 재질의 웜 텁 응축기로부터 나온다.

탈리스커의 제품들은 피트의 스모키한 풍미와 부드러운 과일과 곡물 향, 그리고 숙성 과정에서 오는 진한 바닐라 향을 지니고 있다. 조니워커의 키 몰트 중 하나이다.

탈리스커 증류기

탈리스커 증류소

토버모리(Tobermory) 증류소: 섬의 두 얼굴을 담은 몰트

토버모리 증류소는 1798년 하이랜드 지역의 멀섬Isle of Mull 북동부 해안에 자리한 토버모리 마을에서 존 싱클레어John Sinclair에 의해 설립되었다. 이후 1823년 합법적인 증류 면허를 취득하였고, 현재 멀섬의 유일한 증류소이다.

원래 이곳은 '안전한 피난처'를 의미하는 레다이그Ledaig라고 불리었다. 토버모리는 마을 이름에서 따왔으며, 게일어로 '메리의 우물Well of Mary'을 뜻한다. 증류소가 위치한 멀섬에 있는 중세 우물을 가리킨다.

토버모리 증류소에서는 두 가지 스타일의 위스키를 만드는데, 하나는 섬의 부드러운 면을 반영한 토버모리, 또 하나는 섬의 황량하고 원시적인 자연을 구현한 레다이그이다. 먼저 토버모리는 언피티드Unpeated 위스키로 밝고 경쾌한 과일 향이 나며 시트러스, 오크, 은은한 단맛이 나는 반면, 레다이그는 피티드Peated 위스키로 멀섬의 험난한 해안선과 지형에 깊은 영향을 받으며, 풍부하고 스모키한 풍미를 지닌다.

토버모리 증류소

토버모리 제품들

PART I. 웰컴투 위스키

토마틴(Tomatin) 증류소: 노간주나무 언덕 위의 섬세한 부드러움

토마틴 증류소는 1897년 하이랜드 지역의 토마틴 마을에 '토마틴 스페이 디스틸러리 컴퍼니Tomatin Spey Distillery Company'에 의해 설립되었다. 이 마을 이름이기도 한 '토마틴'은 게일어로 '노간주나무가 우거진 언덕'을 뜻한다. 토마틴 위스키는 주로 언피티드 위스키인데 가볍고, 부드러우며 과일 향이 풍부하다.

토마틴 증류소는 일본 회사가 소유한 최초의 스코틀랜드 증류소이다. 현재 일본의 대표적인 주류 회사인 다카라 주조宝酒造, Takara Shuzo Company가 소유하고 있다.

토마틴 증류소

토마틴 워시 스틸

툴리바딘(Tullibardine) 증류소: '전망 언덕'에서 피어난 위스키의 고요한 품격

툴리바딘 증류소의 역사는 1488년 스코틀랜드의 제임스 4세^{King James IV}가 당시 양조장이었던 이곳에 들러 맥주를 구입했던 때로 거슬러 올라간다. 하이랜드 지역에 위치한 툴리바딘 증류소는 1949년 윌리엄 델메 에반스^{William Delme-Evans}에 의해 기존 양조장 자리에 설립되었다.

이 증류소는 1900년 이후 스코틀랜드에서 처음으로 건설된 증류소이다. 툴리바딘은 인근 중세 예배당 이름에서 따온 것으로, '전망^{망루} 언덕'을 뜻하는 게일어에서 유래했다. 툴리바딘 위스키는 가볍고 정제된 보디감에 꽃과 과일 향이 나며, 깨끗한 피니시를 지닌 스타일로 햇살 좋은 오후의 여유로운 순간에 잘 어울리는 위스키이다.

툴리바딘 증류소

02-3. 아일라(Islay)

아드벡(Ardbeg) 증류소: 작은 곶에서 피어난 강렬한 피트 위스키

전 세계에서 가장 피트 향이 강하고 스모키한 위스키 중 하나인 아드벡은 1815년, 존 맥두걸John Mcdougall에 의해 스코틀랜드 아일라섬 남쪽 킬달튼Kildalton 해안가에 설립되었다. 아드벡 이름과 상징적인 문자인 'A'는 현재 상표로 등록되어 있다.

아드벡은 게일어로 '작은 곶串'이라는 의미인데 페놀 함량이 높은 몰트(50~55PPM)로 위스키를 생산한다. 그래서 아드벡은 세상에서 가장 스모키한 몰트위스키 중 하나이고, 바다와의 거리가 아주 가까워 숙성될 때 짠맛과 요오드의 특성을 얻게 된다. 아드벡은 라프로익, 라가불린과 함께 킬달튼 삼총사라고 불린다.

아드벡 증류소

아드벡 증류소

보모어(Bowmore) 증류소: 왕실의 품격을 담은 균형 잡힌 아일라 위스키

보모어가 1779년에 증류를 시작했다고 전해지지만, 일부에서는 명확성이 부족하다는 의견도 있다. 1816년, 존 심슨 John Simpson이 아일라섬 최초로 보모어 마을에서 합법적인 증류 면허를 취득했다. 보모어는 게일어로 '큰 암초 Great Reef'를 의미한다. 아일라섬은 특유의 스모키한 풍미를 지닌 피트 위스키로 가장 유명한 지역이다. 특히 보모어는 부드러운 피트 향과 과일 향, 그리고 바다 향이 조화를 이루는 균형 잡힌 풍미로 유명하다.

보모어는 엘리자베스 2세 여왕이 최초로 방문한 스카치위스키 증류소이다. 1980년 8월 보모어 증류소에서는 이를 기념해서 여왕이 방문한 날에 생산한 스피릿을 오크통에 담아 '퀸즈 캐스크 Queen's Cask'라고 이름을 붙였다.

이 캐스크는 21년간 숙성된 후, 2002년 여왕 즉위 50년 Golden Jubilee을 기념해서 열고, 648개의 병에 담아 버킹엄궁으로 보냈다. 여왕은 귀빈 접대에 사용했으며, 매년 3병씩 자선 단체에 기증하기도 했다.

2014년 7월 4일, 스코틀랜드 로지스 Rosyth 조선소에서 열린 항공모함 '퀸 엘리자베스'호 명명식 때도 여왕은 술병을 깨트리는 의식에 샴페인 대신 보모어를 선택했다. 이는 보모어가 단지 술이 아닌, 국가적 상징이 될 수 있는 위스키임을 보여준 역사적인 순간이었다.

보모어 제품들

보모어 증류소

브룩라디(Bruichladdich) 증류소: 해변 언덕에서 탄생한 위스키 철학의 결실

브룩라디 증류소는 1881년, 스코틀랜드 아일라섬의 서쪽 해안에서 하비 삼형제William, Robert, John Gourlay Harvey에 의해 설립되었다. 브룩라디는 게일어로 '해변의 언덕'을 뜻한다. 현재 위스키 생산 공정을 수작업으로 진행하고 있으며, 보리 수확, 증류, 숙성, 병입, 패키징 등 모든 과정을 아일라섬에서 진행하는 몇 안 되는 증류소 중 하나다.

브룩라디는 위스키에도 와인처럼 떼루아기후, 토양 등를 중요하게 생각하여, 100% 스코틀랜드산 보리를 사용한다. 그리고 브룩라디의 모든 제품은 냉각 여과하지 않는 논칠필터드Non Chill-filtered이고, 내추럴 컬러Natural Color이다.

브룩라디 제품 중 포트 샬롯, 옥토모어 시리즈를 제외한 대부분의 기본 제품들은 피트를 사용하지 않는다. 브룩라디에는 클래식 라디, 옥토모어, 블랙아트 등 내용물이 보이지 않는 불투명한 병의 제품들이 많은데, 다른 브랜드들과 차별화, 맛에 대한 자신감, 디자인적인 궁금증 유발 등의 전략적인 이유 때문이라고 한다.

한편, 현존 최강의 피트 위스키 혹은 피트 끝판왕이라는 별명을 가진 옥토모어는 매번 가장 높은 페놀 수치를 가진 몰트를 사용하기 때문에 일부 제품은 페놀 수치가 300PPM이 넘는다. 옥토모어의 알코올 함량이 60% 내외이기 때문에 캐스크 스트렝스라고 잘못 알고 있는 사람들도 많은데, 옥토모어는 블렌딩의 완성도를 높이기 위해 아주 소량의 물을 첨가하기 때문에 캐스크 스트렝스는 아니다.

흥미롭게도 옥토모어는 아일라 피트가 아닌 하이랜드에서 생산되는 피트를 사용하여 보다 청명하고 드라이한 스모크를 표현한다.

브룩라디 증류소

브룩라디 더 클래식 라디

부나하벤(Bunnahabhain) 증류소: 강과 바다가 만나는 곳

부나하벤 증류소는 1881년, 아일라섬 최북단 해안가에 윌리엄 로버트슨(William Robertson), 제임스(James)와 윌리엄 그린리스(William Greenless) 형제에 의해 설립되었다. '부나하벤'은 게일어로 '강의 하구'를 뜻하며, 증류소 바로 곁을 흐르는 마가데일(Margadale)강이 바다와 만나는 지형적 특징에서 비롯되었다.

아일라섬은 세계적인 피트 위스키로 유명하지만, 부나하벤은 대부분(약 80%) 언피티드(Unpeated) 위스키를 생산한다. 피트를 사용하지 않음으로써 순수하고 섬세한 풍미를 최대한 끌어낸다.

달콤하고 과일 향이 나는 노트와 은은한 바다 향을 강조하며, 특유의 풍부하고 크리미한 질감과 견과류, 과일 향, 은은한 스모키 피니시가 돋보인다.

부나하벤 증류소

쿨일라(Caol Ila) 증류소: 라가불린의 형제이자 조니워커의 조용한 주역

쿨일라는 1846년 헥터 헨더슨Hector Henderson에 의해 아일라섬의 애스케이그 항구Port Askaig 인근에 설립되었다. '쿨일라'는 게일어로 '아일라의 해협Sound of Islay'을 의미하며, 증류소는 실제로 주라섬과 아일라섬 사이의 수로를 내려다보는 절경 위에 자리 잡고 있다. 자매 증류소인 라가불린과 동일한 맥아를 사용하지만, 쿨일라는 더 긴 발효 시간, 더 높은 컷 포인트, 그리고 더 키가 큰 증류기 덕분에 페놀의 강도는 낮추고, 청량하고 정제된 스모크를 만든다. 조니워커와 벨즈의 키 몰트 중 하나이다.

쿨일라 증류소

킬호만(Kilchoman) 증류소: 섬의 가장자리에서 태어난 가장 순수한 위스키

2005년, 앤서니Anthony와 캐시 윌스Kathy Wills 부부에 의해 아일라섬 서쪽 끝자락에 설립되었다. 아일라섬 유일의 독립 가족 경영 증류소이자 가장 작은 증류소인 킬호만은, 보리 재배부터 숙성과 병입까지 모든 과정이 이루어지는 곳이다. 그래서 스스로 농장 증류소Farm Distillery라고 얘기하고, '100% 아일라, 보리부터 병까지100% Islay, From Barley to Bottle'임을 강조한다.

'킬호만'이라는 이름은 이 증류소가 위치한 옛 교구Kilchoman Parish와 그곳에 남겨진 옛 킬호만 교회의 유적지에서 유래되었다. 킬호만 방문자 센터에서는 위스키를 10mL 단위로 저렴하게 시음해볼 수 있다. 아일라 특유의 해양 피트 스모크를 기본으로 바삭한 감귤류의 달콤함과 조리된 과일, 그리고 풍부한 향신료 향을 지니고 있다.

킬호만 증류소

킬호만 증류소 입구

라가불린(Lagavulin) 증류소: 바닷바람 속에서 피트가 전하는 목소리

라가불린은 1816년, 농부 존 존스톤John Johnston이 아일라섬 남쪽 킬달튼Kildalton 해안가에 설립한 증류소로, 스코틀랜드에서 가장 오래된 증류소 중 하나다. 역사적인 유적지인 던우베이그성Dunyvaig Castle 인근에 위치하며, 아드벡과 라프로익 증류소 사이에 자리 잡고 있다.

스코틀랜드 아일라섬의 작은 마을 이름이기도 한 라가불린은 게일어로 '제분소가 있는 분지Hollow by the Mill'란 뜻이다.

해초와 약간의 달콤함을 지닌 강렬한 피트 향, 희미한 나무 향을 지닌 짭짤하고 달콤한 맛이 특징이다. 블렌디드 스카치위스키 화이트 호스White Horse의 키 몰트이다.

라가불린 증류소

라프로익(Laphroaig) 증류소: 왕이 사랑한 바닷가의 위스키

라프로익은 1815년, 알렉산더^{Alexander}와 도널드 존스턴$^{Donald\ Johnston}$ 형제가 스코틀랜드 아일라섬에 설립한 증류소로 게일어로는 '넓은 만(灣) 옆 아름다운 공간'을 뜻한다.

라프로익 제품들은 모두 피트 위스키들로, 오늘날에도 여전히 전체 생산량의 약 20%는 플로어 몰팅을 하고 있다.

라프로익은 현 영국 국왕인 찰스 3세가 사랑하는 몰트위스키로 유명한데, 1994년에 이어 2008년 자신의 60세 생일을 기념하기 위해 라프로익 증류소를 방문했고, 2015년에는 라프로익 증류소 설립 200주년을 축하하기 위해 다시 증류소를 방문했다.

라프로익은 훈연한 해초, 약간의 약재 향, 이끼 낀 바위의 질감, 바닷바람의 짭짤함을 지니고 있다.

라프로익 증류소

02-4. 로우랜드(Lowland)

오켄토션(Auchentoshan) 증류소: '들판의 가장자리'에서 세 번 증류된 섬세함

오켄토션 증류소는 1823년 그리녹^{Greenock} 출신의 엔지니어인 손^{Thorne}에 의해 로우랜드 지역 던바튼셔^{Dunbartonshire} 지역에 설립되었다. 오켄토션은 게일어로 '들판의 가장자리' 라는 뜻이다.

오켄토션 증류소는 모든 위스키를 세 번 증류하고 있는데, 이런 방식으로 위스키가 부드럽고 섬세하다.

국내에서는 호불호가 심하게 갈리는 싱글 몰트위스키로, 동급 기준 가격이 가장 저렴한 편이다. 일부 스토어에서는 오켄토션 12년을 2만 원대에 만나볼 수 있기도 하다.

오켄토션 증류소

블라드녹(Bladnoch) 증류소: 꽃 피는 강가에서 부활한 로우랜드의 여왕

1817년, 존(John)과 토마스 맥클렐랜드 Thomas McClelland 형제에 의해 스코틀랜드 최남단 로우랜드 지역에서 설립되었다. 근처 블라드녹 강에서 증류소 이름을 따왔는데, 블라드녹은 게일어로 '꽃이 피는 장소'를 뜻한다.

19세기 당시 블라드녹은 '로우랜드의 여왕 Queen of the Lowlands'으로 불리며 부드럽고 우아한 위스키로 명성을 떨쳤다. 위스키는 가볍고 꽃 향, 허브 향, 풀 향이 난다.

시간이 흘러 블라드녹은 몇 차례 폐쇄와 재개를 반복했다. 그러던 중, 2015년 호주 출신 사업가 데이비드 프라이어 David Prior가 인수해서, 2017년 6월 공식적으로 생산을 재개했으며, 2019년 맥캘란 마스터 디스틸러였던 닉 새비지 박사 Dr. Nick Savage를 마스터 디스틸러로 영입했다.

모든 제작 공정은 전통 그대로 수작업으로 진행하고 있다.

블라드녹 증류소

글렌킨치(Glenkinchie) 증류소: 애든버러의 아침 안개를 닮은 몰트

1825년, 농부 존^{John}과 조지 레이트^{George Rate} 형제가 설립한 글렌킨치 증류소는 처음에 밀턴 증류소^{Milton Distillery}라는 이름으로 운영되다가, 1837년에 면허를 받고 이름을 변경했다. '킨치'라는 이름은 원래 이 땅을 소유하고 있던 '퀸시 가문'에서 유래한 것으로 알려져 있다.

스코틀랜드의 수도인 에든버러에서 불과 15마일(약 24km) 거리여서 '에든버러 몰트^{The Edinburgh Malt}'라는 별명이 있는 글렌킨치에는 스코틀랜드에서 가장 큰 증류기가 있다. 글렌킨치는 향기롭고 가벼운 바디를 지니고 있어 식전주로 좋다. 블렌디드 스카치위스키 벨즈^{Bell's}의 키 몰트 중 하나이다.

글렌킨치 증류소

로즈뱅크(Rose bank) 증류소: 로우랜드의 왕, 다시 태어난 장미

1840년, 스코틀랜드 로우랜드 지역 팔커크 Falkirk의 중심에서 지역 와인 상인이었던 제임스 랭킨 James Rankine이 설립한 로즈뱅크 증류소는 1993년에 문을 닫았다가 2023년 6월 5일, 다시 생산을 재개했다.

증류소의 이름은 포스 Forth 운하와 클라이드 Clyde 운하 강변에서 자란 '장미 Rose'에서 유래했다. 로즈뱅크 위스키는 언피티드 Unpeated이고, 세 번 증류하여 부드럽고 과일 향과 꽃 향이 풍부하다. 여전히 전통적인 웜 텁 응축기를 사용하고 있다.

로즈뱅크는 과거 '로우랜드의 왕 The King of the Lowlands'이라고 불렸다.

로즈뱅크 증류소

다시 생산된 스피릿과 직원들, 로즈뱅크

02-5. 스페이사이드(Speyside)

아벨라워(Aberlour) 증류소: 강과 샘, 그리고 전통 위에 세워진 스페이사이드의 혼

1879년, 제임스 플레밍^{James Fleming}이 스페이사이드 지역에 설립했다. 지역 농부의 아들로, 품질 좋은 곡물을 거래했던 그의 이력은 훌륭한 몰트위스키를 생산하는 원천이 되었다.

아벨라워 증류소가 위치한 아벨라워 마을은 스코틀랜드 벤 린네스^{Ben Rinnes} 산맥의 아름다운 풍광에 둘러싸여 있다. 위쪽으로는 부드러운 샘물을 제공하는 버켄부시샘^{Birkenbush Springs}, 아래쪽으로는 유명한 스페이강^{River Spey}이 이어져 있어서 천혜의 자연환경을 자랑한다.

아벨라워 증류소

아벨라워 제품들

한때 제주도 중문 면세점에서 특히 많이 판매되어 '중문 특산품'으로 불리던 아벨라워 아부나흐Aberlour A'bunadh는 우연히 19세기에 만들어진 위스키 보틀을 발견하며 아벨라워의 창립자 제임스 플레밍에게 경의를 표하기 위해 만들어진 위스키이다.

'아부나흐'는 게일어로 '오리지널'을 뜻하는데, 1800년대 전통 위스키 제조 기법을 그대로 재현해서 100% 핸드 메이드로 만든다. 또한 퍼스트 필 올로로소 셰리 캐스크에서 숙성 후 물을 전혀 섞지 않고 그대로 병입한 캐스크 스트렝스 제품이다.

배치마다 알코올 도수가 약간 다르지만, 61% 내외로 매우 높다. 알코올 함량을 소주(16%)로 환산하면 7병 이상에 해당하는 셈이다.

올트모어(Aultmore) 증류소: 부드럽고 투명한 '큰 개울' 위스키

올트모어는 1896년 알렉산더 에드워드$^{Alexander\ Edward}$에 의해 스페이사이드 지역에 설립되었고, 1897년에 최초로 증류했다. 올트모어는 게일어로 '큰 개울'이라는 뜻이다.
이 증류소는 캐러멜색소를 첨가하지 않은 내추럴 컬러$^{Natural\ Colour}$, 냉각 여과하지 않은 논칠필터드$^{Non-chill\ Filtered}$ 제품들을 생산한다. 피트를 사용하지 않아 부드럽고 깔끔하다. 듀어스의 키 몰트 중 하나이다.

올트모어 증류소

발베니(Balvenie) 증류소: '행운의 땅'에서 피어난 섬세한 장인의 손길

발베니는 1892년, 윌리엄 그랜트 William Grant가 스코틀랜드 스페이사이드 지역의 글렌피딕 옆에 설립한 증류소이다. 발베니는 1200년대에 지어진 발베니 성 Balvenie Castle에서 이름을 따왔는데, 이름의 유래에 대해서는 '행운의 마을'이라는 설도 있지만, 정확한 어원은 알려지지 않았다.

발베니 증류소는 지금도 보리를 직접 재배하고 있으며, 일부는 전통 방식인 플로어 몰팅을 하고 있다. 이를 통해 증류소는 '5가지 자랑'으로 유명한데, 그중에는 직접 재배한 보리, 쿠퍼리지, 플로어 몰팅, 구리 증류기, 몰트 마스터가 포함된다.

오늘날 위스키에 널리 사용되는 기법인 캐스크 피니시는 1983년 발베니의 명예 앰버서더이자 전 몰트 마스터인 데이비드 스튜어트 David Stewart가 발베니 클래식으로 처음 시도하고 완성했다. 2023년, 데이비드 스튜어트가 은퇴하고, 켈시 맥케크니 Kelsey Mckechnie가 뒤를 이었다.

특히 발베니는 국내에서도 큰 인기를 끌고 있으며, 코로나19 팬데믹 시기에는 국내 위스키 수요가 폭발적으로 증가하면서 맥캘란 등과 함께 '조기 품절' 사태가 반복될 정도로 높은 인기를 얻었다.

발베니 증류소

벤리악(BenRiach) 증류소: 스코틀랜드에서 가장 섬세하고 복합적인 위스키

벤리악 증류소는 1898년, 스코틀랜드 스페이사이드 지역 엘긴^{Elgin} 인근에서 존 더프^{John Duff}에 의해 설립되었다. 1890년대는 위스키 산업이 바쁜 시기였고, 스코틀랜드 전역에 33개의 새로운 증류소가 문을 열었다. 하지만 위스키 산업 전반에 큰 충격을 준 패티슨 크래시^{Pattison Crash}로 운영 2년 만인 1900년, 증류소는 문을 닫았다.

1965년, 벤리악은 다시 자체 몰트위스키 생산을 재개했다. 이 시기는 미국을 중심으로 전 세계적으로 스카치위스키에 대한 수요가 급증하던 시기였다. 주로 블렌딩용으로 사용되던 벤리악은 1994년 최초의 싱글 몰트를 출시했고, 1998년부터 트리플 증류 위스키를 생산하기 시작했다.

벤리악은 게일어로 '얼룩무늬 언덕'이라는 의미이다. 벤리악은 매싱^{Mashing} 단계에서 일반적인 3번이 아니라 'Four Water Mash'를 통해 총 4단계로 보리를 세척해 당분 추출을 극대화하며, 80시간 가까운 발효를 통해 과일 향이 풍부한 워시를 만들어낸다.

벤리악은 언피티드^{Unpeated}, 하이랜드 피티드^{Highland Peated}, 세 번 증류^{Triple Distilled} 등 세 가지 스타일의 위스키를 만들고 있으며, 30가지가 넘는 캐스크를 보유해 다층적인 풍미를 지닌 몰트위스키를 생산하고 있다.

이러한 노력으로 세계적인 위스키 평론가이자 '위스키 바이블^{Whisky Bible}'의 저자인 짐 머레이^{Jim Murray}는 벤리악을 '스코틀랜드에서 가장 섬세하고 복합적인 위스키를 만드는 증류소'라고 평가한 바 있다.

벤리악 증류소

벤로막(Benromach) 증류소: 로막 언덕 위 전통을 되살린 불씨

벤로막 증류소는 1898년, 스페이사이드 지역 엘긴 근처 포레스Forres에서 던컨 맥컬럼Duncan McCallum과 F.W 브릭맨F.W. Brickman이 공동 설립했다. '벤로막'이라는 이름은 게일어로 '로막 언덕'을 뜻한다.

한 세기 넘는 역사 동안 여러 차례 문을 닫았던 벤로막은 1993년 '고든 앤 맥페일'에 인수되었고, 설립 100주년이던 1998년에 다시 문을 열었다.

벤로막은 '퍼스트 필First Fill' 오크통만을 사용한다는 원칙으로 잘 알려져 있다. 과일 향과 은은한 피트 향을 특징으로 한다.

벤로막 증류소

카듀(Cardhu) 증류소: 검은 바위 위에서 피어난 부드러운 몰트위스키

1811년, 존 커밍 John Cumming과 그의 아내 헬렌 Helen은 자신들의 농장인 카도우 Cardow에서 불법 증류를 시작했고, 1824년 합법적인 증류소 면허를 취득했다. 1839년, 존 커밍이 사망하고, 아들 루이스가 그 뒤를 이어 책임자가 되었고, 1872년 루이스가 사망하자 그의 아내인 엘리자베스가 그 자리를 대신하게 되는데, 엘리자베스는 당시 스코틀랜드 위스키 역사상 최초의 여성 증류소 운영자 중 한 명으로 평가된다.

1981년 증류소 명칭이 '카도우 Cardow'에서 현재의 '카듀 Cardhu'로 변경되었다. '카듀'라는 이름은 게일어로 '검은 바위'를 뜻하는 것으로 전해지며, 이 지역의 지형적 특징을 반영한 것으로 보인다.

카듀는 부드럽고 마시기 쉬운 위스키로 유명한데 플래그십 제품인 카듀 12년은 풍부하고 부드러우며 달콤한 과일 풍미와 가벼운 스파이시함을 지니고 있다. 카듀의 병 디자인은 백 바 Back Bar에서 쉽게 식별되고 시선을 끌 수 있도록 디자인되었다. 조니워커의 키 몰트 중 하나이다.

카듀 증류소

PART I. 웰컴투 위스키 125

크래겐모어(Cragganmore) 증류소: 경수가 빚어낸 복합 아로마의 결정판

크래겐모어 증류소는 1869년, 스코틀랜드 스페이사이드 지역 발린달록^{Ballindalloch} 마을에서 존 스미스^{John Smith}에 의해 설립되었다. 스페이강 유역에 위치한 이 증류소는 당시로서는 획기적인 방식으로 철도를 이용한 원료 수송 및 제품 운송 체계를 도입하며 기술 혁신의 상징으로 자리매김했다.

'크래겐모어'라는 이름은 인근의 산 이름에서 따온 것으로, 게일어로 '큰 바위'를 의미한다고 전해진다.

크래겐모어는 스페이사이드 지역에서도 가장 복합적인 아로마를 지닌 몰트 중 하나로 꼽힌다. 크래겐모어는 풍미를 극대화하기 위해 라인 암이 수평에 가까운 구조의 증류기를 사용하고 있다. 이 구조는 증류액의 반응을 섬세하게 조절하며, 결과적으로 복합적이고 달콤한 풍미를 만들어낸다. 또한, 대부분의 스코틀랜드 증류소가 연수를 사용하는 것과 달리, 경수를 사용하는 몇 안 되는 증류소이다. 이러한 특성은 크래겐모어 특유의 섬세하면서도 밀도 있는 질감을 만들어낸다. 크래겐모어는 조니워커의 키 몰트 중 하나로, 그 중요성은 조니워커의 다양한 블렌드에서 확인할 수 있다.

크래겐모어 증류소

크라이겔라키(Craigellachie) 증류소: 바위 언덕에서 증류된 근육질의 위스키

크라이겔라키 증류소는 유명한 빅토리아 시대 건축가 찰스 도이그^{Charles Doig}가 설계하여 알렉산더 에드워드^{Alexander Edward}와 피터 맥키^{Peter Mackie}가 이끄는 컨소시엄에 의해 1890년 스페이사이드 지역에 설립되었다. 실제 생산은 1891년부터 시작되었으며, 증류소는 로티스^{Rothes}와 더프타운^{Dufftown} 사이 스페이강을 내려다보는 바위 언덕 위에 자리 잡고 있다. '크라이겔라키'라는 이름도 게일어로 '바위 언덕'을 뜻한다.

크라이겔라키 위스키는 은은한 파인애플 향을 지니면서도 근육질의 강건한 위스키로 알려져 있다. 전통적인 방식인 웜 텁 응축기를 사용하고 있다. 위스키에 캐러멜색소를 넣지 않고, 냉각 여과도 하지 않는 전통적인 방식을 고수하고 있다.

크라이겔라키 증류소

더프타운(Dufftown) 증류소: 몰트의 수도에서 태어난 부드러운 몰트위스키

더프타운 증류소는 위스키 붐이 한창이던 1896년 스페이사이드 지역에서 피터 맥켄지 Peter MacKenzie에 의해 설립되었다. 더프타운 증류소는 '몰트위스키의 수도'라고 불린 더프타운 마을 이름을 따서 명명되었다.

하이랜드에 위치한 글렌 오드 Glen Ord, 스페이사이드에 위치한 글렌듈란 Glendullan과 함께 싱글톤을 생산하는 증류소이다.

스코틀랜드에서 가장 부드럽고 접근하기 쉬운 위스키를 생산하는 곳 중 하나로, 가볍고 과일 향이 풍부하다. 벨즈의 키 몰트 중 하나이다.

더프타운 증류소

글렌 엘긴(Glen Elgin) 증류소: 화이트 호스의 심장

글렌 엘긴 증류소는 1898년 윌리엄 심슨[William Simpson]과 제임스 칼[James Carle]이 스페이사이드 지역의 엘긴 마을 인근에 설립한 증류소이다. 증류소 이름은 지역명을 따온 것으로, '글렌'은 게일어로 '계곡'을 의미한다.

글렌 엘긴의 위스키는 가볍고 상쾌한 과일 향이 있는 싱글 몰트를 생산하는 것으로 알려져 있는데 꿀, 시트러스, 몰트, 은은한 오크의 풍미와 함께 부드럽고 균형 잡힌 피니시가 특징이다. 이러한 특성으로 인해 글렌 엘긴은 종종 식전주나 입문자용 싱글 몰트로도 권장된다. 화이트 호스의 키 몰트이다.

글렌 엘긴 증류소

더 글렌그란트(The Glen Grant): 이탈리아가 사랑한 황금빛 한 모금

더 글렌그란트 증류소는 1840년, 존^{John} & 제임스 그란트^{James Grant} 형제가 스페이사이드 지역에 설립한 증류소이다. 이후 1872년 제임스의 아들로 육군 소령 출신이었던 제임스 '더 메이저' 그란트^{James 'The Major' Grant}가 증류소를 물려받았다.

이 증류소 부지에서 태어나 63년 동안 근무한 전설적인 마스터 디스틸러 데니스 말콤^{Dennis Malcolm}이 2024년 6월을 끝으로 은퇴하고, 뒤를 이어 7월부터 그레이그 스테이블스^{Greig Stables}가 새로운 마스터 디스틸러로 임명되었다.

더 글렌그란트는 이탈리아에서 가장 인기 있는 싱글 몰트 스카치위스키 중 하나로 자리 잡고 있으며, 대체로 밝은 황금색을 띠고, 섬세하고 가벼운 풍미를 지닌다.

더 글렌그란트 증류소

글렌알라키(GlenAllachie) 증류소: 신생 몰트의 자존심

글렌알라키 증류소는 1967년 매킨레이 맥퍼슨(Mackinlay McPherson)에 의해 스페이사이드 지역에 설립되었다. '글렌알라키'는 게일어로 '바위 계곡(Rocky Valley)'을 뜻하며, 실제로 증류소 주위에 켈트족이나 픽트족이 새긴 돌이 많이 남아 있다.

2017년, 세계적으로 유명한 마스터 디스틸러인 빌리 워커(Billy Walker)가 인수한 이후 품질 혁신을 위해 생산량을 줄이고, 발효 시간을 늘렸다. 빌리 워커는 '우리는 신흥 싱글 몰트 브랜드로서 역사의 제약을 받지 않는다. 명성에 얽매이지 않고 우수함을 추구할 자유를 지니고 있다.'라고 강조했다.

2024년 4월, 오너이자 마스터 디스틸러인 빌리 워커는 브랜드 홍보차 한국을 방문하기도 했다. 글렌알라키 위스키는 강한 견과류 풍미, 달콤한 향, 복합적인 피니시가 특징이다.

마스터 디스틸러 빌리 워커

글렌알라키 증류소

글렌버기(Glenburgie) 증류소: 발렌타인의 심장

글렌버기 증류소는 원래 1810년, 스페이사이드 지역에 윌리엄 폴(William Paul)에 의해 킬른플랫 증류소(Kilnflat Distillery)란 이름으로 설립되었으며, 공식적인 생산은 1829년부터 시작되었다. 이후 1871년에 현재의 이름인 글렌버기로 변경되었다.

'글렌버기'는 게일어로 '요새의 계곡'을 의미하며, 발렌타인 위스키의 키 몰트 중 하나로 '발렌타인의 심장'이라고 불린다.

2023년 9월 성시경의 유튜브 '먹을 텐데'에서 신동엽이 '발렌타인 싱글 몰트 글렌버기 12년'으로 하이볼을 만들어 마시는 장면이 소개되어 국내 소비자들에게도 많이 알려졌다. 글렌버기 위스키는 과일의 달콤함과 여러 스파이스가 균형을 이루고 있다.

글렌버기 증류소

글렌카담(Glencadam) 증류소: 기러기의 계곡에서 태어난 부드럽고 크리미한 몰트

글렌카담 증류소는 1825년 조지 쿠퍼George Cooper에 의해 하이랜드 지역 브레킨Brechin 마을에 설립되었다. 글렌카담은 게일어로 '기러기의 계곡'을 의미한다.

증류소 내부에 수차Waterwheel가 설치되어 있는데, 1825년 모델을 본떠 2021년에 재건하여 글렌카담 증류소의 상징으로 활용하고 있다. 2025년 설립 200주년을 맞이하여 새로운 방문자 센터가 문을 연다.

글렌카담 위스키는 냉각여과를 거치지 않고(논칠필터드), 캐러멜색소도 사용하지 않는다(내추럴 컬러). 글렌카담의 위스키는 전반적으로 가볍고 부드러우며 크리미한 질감과 섬세한 균형감이 특징이다.

글렌카담 증류소

글렌듈란(Glendullan) 증류소: 작은 개울에 흐르는 섬세한 향과 달콤한 여운

글렌듈란 증류소는 1897년 윌리엄 윌리엄스(William Williams)에 의해 스페이사이드 지역 더프타운 마을에 설립되었다. 증류소의 이름은 더프타운을 흐르는 듈란 워터(Dullan Water)에서 유래했으며, 글렌듈란은 게일어로 '작은 개울의 계곡'이란 뜻이다.

글렌듈란은 하이랜드에 위치한 글렌 오드(Glen Ord), 스페이사이드에 위치한 더프타운(Dufftown)과 함께 싱글톤을 만드는 3개의 증류소 중 하나이다. 글렌듈란 위스키는 가볍고 섬세하며, 달콤하고 고소한 풍미를 지니고 있다.

글렌듈란 증류소

글렌파클라스(Glenfarclas) 증류소: 녹색 초원에서 태어난 셰리 몬스터

글렌파클라스 증류소는 1836년, 스코틀랜드 스페이사이드 지역에서 로버트 헤이^{Robert Hay}가 자신의 농장인 레클레리히 팜^{Rechlerich Farm}에서 증류 면허를 취득하며 설립되었다. 이후 1865년 로버트가 사망한 뒤 이웃 농부 존 그랜트^{John Grant}가 매입하여, 지금까지 그랜트 가문에 이어지고 있다.

글렌파클라스는 게일어로 '녹색 초원의 계곡'을 의미하며, 스페이사이드에서 가장 오래된 독립 가족 경영 증류소 중 하나이다. 전통적인 직화 증류기^{Direct Fired Stills}를 사용하는 글렌파클라스 제품들은 캐러멜색소를 사용하지 않는 내추럴 컬러이다.

글렌파클라스는 맥캘란, 글렌드로낙과 함께 '셰리 3대장' 혹은 '셰리 몬스터'로 불린다. 글렌파클라스의 위스키는 셰리 캐스크 숙성의 특성들을 잘 지니고 있으며, 풍부하고 묵직하다.

글렌파클라스 증류소

글렌피딕(Glenfiddich) 증류소: 싱글 몰트 대중화를 이끈 선구자

1887년 창업주인 윌리엄 그랜트$^{William\ Grant}$가 스코틀랜드 더프타운의 피딕 강 계곡에 설립한 위스키 증류소에서 시작된 글렌피딕은 현재 전 세계 싱글 몰트위스키 판매량 1위 증류소이다. 게일어로 글렌^{Glen}은 계곡, 피딕^{Fiddich}은 사슴을 의미한다.

글렌피딕 위스키병은 다른 위스키병들과 다르게 삼각기둥 형태로 만드는데, 3개의 꼭짓점은 위스키 3대 핵심 요소로 꼽히는 물, 공기, 맥아를 상징한다.

사실 20세기 중반까지 싱글 몰트위스키는 블렌디드 위스키를 생산하기 위한 원료로 주로 사용이 되었고, 독립적인 가치를 인정받지는 못했다. 1963년 윌리엄 그랜트의 증손자인 샌디 그랜트 고든$^{Sandy\ Grant\ Gordon}$은 블렌디드 위스키가 아닌 싱글 몰트위스키를 처음 판매하며 글렌피딕이라는 이름을 알렸다. 그는 새로운 시장에 초점을 맞추고 미국 뉴욕에서 싱글 몰트위스키 글렌피딕을 직접 마케팅하면서 새로운 소비자층을 창출했는데, 이 전략은 대성공을 거두었고, 이후 싱글 몰트위스키의 유행을 이끄는 출발점이 되었다.

글렌피딕 증류소

더 글렌리벳(The Glenlivet) 증류소: 정관사 'THE'를 허락받은 오리지널 몰트

더 글렌리벳 증류소는 1824년 조지 스미스 George Smith가 스코틀랜드 스페이사이드 지역에서 최초로 합법적인 증류 면허를 취득한 싱글 몰트위스키 브랜드이다. 글렌리벳이 유명해지자 글렌리벳이라는 이름을 무단으로 사용한 증류소들이 나타나기 시작했다..
결국 조지 스미스의 아들 조 고든 스미스는 법원에 상표권 등록을 요청한다. 1884년, 8년간의 노력 끝에 법원으로부터 정관사 'THE'를 붙일 수 있는 유일한 오리지널 위스키로 인정받으며 '더 글렌리벳THE GLENLIVET'으로 불리게 됐다.
'글렌리벳'은 '리벳강의 계곡'이라는 뜻을 지닌다.

더 글렌리벳 증류소

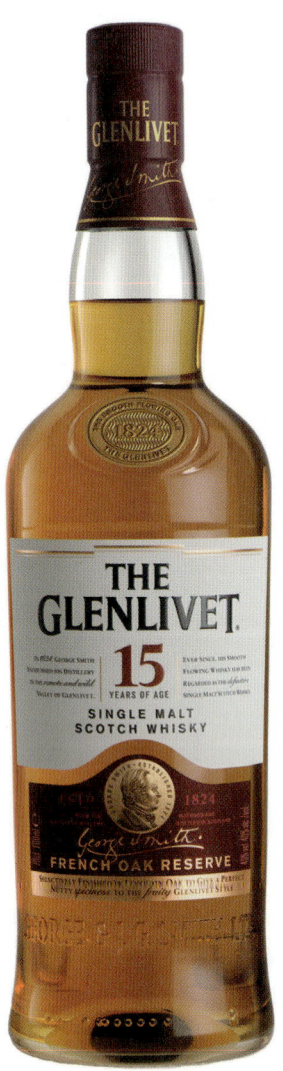

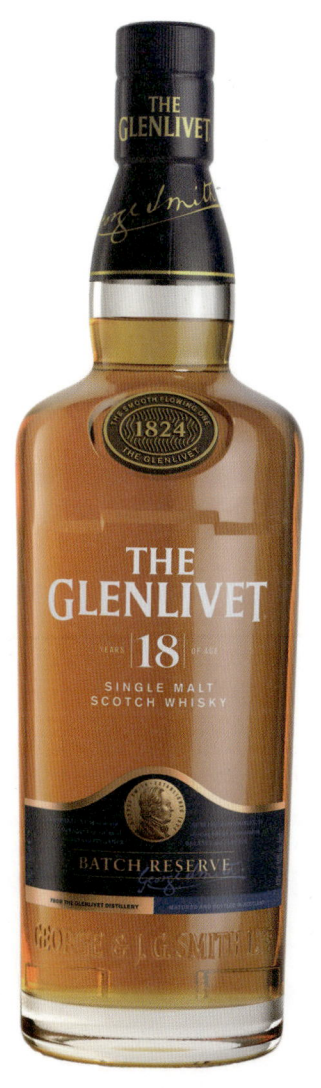

더 글렌리벳 제품들

글렌로티스(Glenrothes) 증류소: 절반의 속도로 두 배의 섬세함을 빚어낸 몰트

글렌로티스 증류소는 1878년 제임스 스튜어트 앤 코^{James Stuart & Co}에 의해 스페이사이드 지역의 로티스 마을에 설립되었고, 1879년 12월부터 생산을 시작했다. 존 크루익샨크^{John Cruikshank}, 로버트 딕^{Robert Dick}, 윌리엄 그랜트^{William Grant, 글렌피딕 설립자와 동명이인} 등 초기 투자자들은 몇 마일 떨어진 맥캘란의 지분도 소유하고 있었다. '글렌로티스'는 게일어로 '로티스의 계곡' 혹은 '로티스 백작 가문의 계곡'이란 의미이다.

글렌로티스 위스키는 달콤함과 스파이스, 견과류와 과일의 복합적인 향미를 지니며, 전반적으로 은은하면서도 균형 잡힌 스타일로 평가받는다.

증류는 일반적인 증류소보다 절반에 가까운 느린 속도로 진행되며, 목이 긴 증류기를 사용해 구리와의 접촉을 극대화한다. 이 과정을 통해 무거운 향 화합물은 제거되고, 글렌로티스 특유의 밝고 섬세한 과일 아로마가 형성된다.

글렌로티스 증류소

링크우드(Linkwood) 증류소: 스페이사이드의 숨겨진 별

링크우드 증류소는 1821년 스페이사이드 지역 엘긴Elgin에서 피터 브라운Peter Brown에 의해 설립되었고, 1825년 정식 증류 면허를 취득하며 생산을 시작했다. 증류소 이름은 인근의 링크우드 샘에서 유래한 것이다.

링크우드 위스키는 전반적으로 가볍고 섬세하며, 꽃 향, 과일 향, 은은한 허브 노트를 지니고 있다.

세계적인 위스키 평론가 마이클 잭슨은 링크우드를 '스페이사이드의 숨겨진 별'이라 칭하며 극찬한 바 있다. 링크우드에서 생산된 원액은 조니워커와 화이트 호스의 키 몰트 중 하나이다.

링크우드 증류소

롱몬(Longmorn) 증류소: 일본 위스키에 영감을 준 '성스러운' 몰트

1894년, 존 더프^{John Duff}에 의해 스페이사이드 지역 엘긴에 설립되었다. 롱몬이라는 이름은 게일어로 '성스러운 사람의 장소'를 의미하는 '란모르군드^{Lhanmorgund}'에서 유래했다.

롱몬 위스키는 달콤하고 과일 향이 풍부하며, 크리미한 토피 노트에 우아하면서 묵직한 피니시를 지니고 있다.

1920년 일본 위스키의 아버지 중 한 명이자 닛카^{Nikka}의 창립자인 다케츠루 마사타카가 짧은 기간 이 증류소에서 일했다. 이 배경 덕분에 닛카 증류소의 증류기가 롱몬의 증류기를 모델로 했다고 알려져 있다. 롱몬은 시바스 리갈의 키 몰트이다.

롱몬 증류소

맥캘란(The Macallan) 증류소: 몰트위스키의 롤스로이스

1824년 보리 농부이자 학교 교사였던 알렉산더 리드Alexander Reid에 의해 스코틀랜드 스페이사이드 지역에 설립되었다. 이 지역의 원래 이름은 비옥한 땅을 뜻하는 게일어 마그Magh와 8세기에 스코틀랜드에 기독교를 전파한 아일랜드 수도사 필란St. Fillan 성인에서 유래한 '엘란Ellan'이 결합된 '마겔란Maghellan'이었다.

맥캘란은 '식스필러Six Pillars'라는 독특한 정신적인 배경을 강조한다. 맥캘란의 브랜드 철학인 식스필러는 맥캘란 영지The Macallan Estate, 신기하게도 작은 증류기Curiously Small Stills, 최상의 오크통Exceptional Oak Casks, 셰리 시즈닝Sherry Seasoned, 천연 색상Natural Colour, 마스터리Mastery 등이다.

① 1543년부터 이어져 온 맥캘란 영지는 1,962,725㎡(593,724평) 규모이고, 맥캘란 병 라벨 상단에 그려져 있는 '이스터 엘키스 하우스(Easter Elchies House)'가 그 안에 위치한다. 이곳은 지금은 증류소 사무실이지만 과거 증류소를 소유했던 켐프(Kemp) 가문의 집이었다.

② 맥캘란은 스페이사이드에서 가장 작은 증류기를 사용하며, 증류 원액을 구리와 최대한 접촉하게 하여 풍부한 맛과, 과일 향, 풀 보디한 풍미를 지니게 된다. 맥캘란 증류소의 이 작은 증류기는 한때 스코틀랜드의 10파운드 지폐 뒷면에 도안되기도 했다.

③ 맥캘란의 품질에 가장 큰 영향을 주는 최상의 오크통은, 만드는 데 5년이 넘는 장인정신이 필요하다.

④ 맥캘란은 스페인 헤레즈 셰리 시즈닝한 캐스크에 위스키를 숙성시키는 전통을 유지하고 있다. 맥캘란 맛과 향의 80%가 캐스크에 좌우된다고 할 만큼 중요한 요소 중 하나다. 이를 위해 맥캘란은 캐스크에 사용될 참나무를 관리하는 것부터 캐스크를 생산하는 쿠퍼리지, 셰리 와인 생산 및 저장 업체까지 직접 보유하고 있다.

⑤ 맥캘란 제품들은 캐러멜색소를 첨가하지 않은 내추럴 컬러이다. 이런 자연 색상은 햇빛 아래서 비교적 빨리 사라지는 인공 색상과 달리 변함없이 남아 있다.

⑥ 장인정신, 유산, 창의성, 숙련된 기술자들의 헌신은 맥캘란의 본질이다. 맥캘란은 2차 증류를 거친 원액 중 최상의 품질을 유지하는 원액만 사용한다. 일반적인 증류소에서 발효 후에 증류해서 나오는 알코올을 초류, 본류, 후류로 구분하고 대개 초류와 후류는 쓰지 않고

맥캘란 M 컬렉션

본류만 쓴다. 마치 증류 원액의 좋은 부분만 잘라서 쓴다고 해서 '컷'이라고 부르는데 맥캘란은 본류 중에서도 오직 16%만 위스키로 사용하고 나머지는 과감히 제외한다. '해로즈 몰트위스키 북'에서는 맥캘란을 '몰트위스키의 롤스로이스'라고 칭하기도 했다.

맥캘란 호라이즌

몰트락(Mortlach) 증류소: 더프타운의 야수

몰트락 증류소는 1823년, 스코틀랜드 스페이사이드 지역 더프타운Dufftown의 오래된 불법 부지에 제임스 핀들레이터James Findlater, 도널드 매킨토시Donald Mackintosh, 알렉스 고든Alex Gordon 세 사람에 의해 설립되었다. 몰트락은 더프타운 최초의 합법 증류소이자 스페이사이드 위스키 증류의 진원지 중 하나이다.

'몰트락'이라는 명칭은 옛 지명에서 유래되었으며, 게일어로 '그릇 형태의 계곡' 혹은 '큰 녹색 언덕'을 뜻한다.

몰트락 위스키는 독특한 풍미로 유명한데 풍부하고 짭짤한 풍미를 지니고 있다. 이러한 풍부하고 강렬한 향과 맛으로 인해 위스키 전문가들 사이에서 '더프타운의 야수The Beast of Dufftown'라고 불린다.

오늘날 몰트락은 세계적인 블렌디드 위스키 조니워커의 키 몰트 중 하나이다.

몰트락 증류소

PART I. 웰컴투 위스키 147

탐두(Tamdhu) 증류소: '작고 어두운 언덕' 아래 셰리의 깊이를 담다

탐두 증류소는 1897년 윌리엄 그랜트^{William Grant}가 이끄는 컨소시엄에 의해 스페이사이드 지역에 설립되었다. 이 컨소시엄은 '세계 최고의 위스키를 만들겠다'라는 공동의 목표를 지닌 기업가들의 열정으로 결성되었다.

탐두는 게일어로 '작고 어두운 언덕'이란 의미이다. 탐두는 오직 퍼스트필 올로로소 셰리 캐스크만 사용해서 숙성하기 때문에 풍부하고 풀 보디하며 강한 셰리 풍미를 지니고 있다. 또한 캐러멜색소를 첨가하지 않는 내추럴 컬러를 고수하고 있다.

탐두는 방문자 센터를 운영하지 않으며, 현재 일반인의 방문을 받지 않는다.

탐두 증류소

탐나불린(Tamnavulin) 증류소: 방앗간 언덕에서 피어난 달콤한 입문용 몰트

탐나불린 증류소는 1966년, 인버고든 디스틸러스Invergordon Distillers의 자회사인 탐나불린-글렌리벳 증류소Tamnavulin-Glenlivet Distillery Co에 의해 스페이사이드 지역 탐나불린Tomnavoulin 마을에 설립되었다. 탐나불린은 게일어로 '언덕 위의 제분소(방앗간)'를 의미하는데, 이는 16세기부터 증류소 부지에 있던 오래된 물레방앗간을 가리킨다. 이 상징적인 나무 물레방아는 탐나불린 위스키병의 라벨에도 그려져 있다.

탐나불린 위스키는 부드럽고 밝으며, 과일 향이 나고 달콤하다. 가격이 저렴해서 특히 입문용 위스키로 많이 추천된다. 현재 탐나불린 증류소에는 방문자 센터가 없으며 일반인의 방문은 제한되어 있다.

탐나불린 증류소

토민타울(Tomintoul) 증류소: 고지대 자연이 빚은 부드러운 한 잔

토민타울 증류소는 1965년 헤이 앤 맥레오드^{Hay & MacLeod}와 W&S 스트롱^{W&S Strong}에 의해 스페이사이드 지역에 설립되었다. 증류소 이름은 하이랜드에서 가장 높은 마을이자 케언곰즈 국립공원^{Cairngorms National Park} 중심부에 위치한 토민타울 마을에서 유래되었는데, '토민타울'은 게일어로 '헛간^{외양간}의 언덕'을 뜻한다.

토민타울 위스키는 전반적으로 가볍고 신선하며 과일 향이 나고 피트 위스키의 경우 스모키하면서 부드럽다. 홈페이지 첫 화면에도 나오는 'The Gentle Dram'이라는 슬로건에서 토민타울 위스키의 특징을 알 수 있다.

토민타울 16년

토민타울 증류소

03. 아이리시 위스키(Irish Whiskey)

아일랜드 게일어로 위스키는 'Fuisce' 혹은 'Uisce Beatha^{생명의 물}'이며, 'Eireannach'는 아일랜드 사람 또는 아일랜드어로 된 모든 것을 의미하므로 'Uisce Beatha Eireannach'는 '아이리시 위스키'를 뜻한다.

아이리시 위스키는 12세기(아일랜드에서는 6세기부터라고도 함)부터 만들어졌고, 아일랜드가 위스키의 원조이다. 그러나 1900년대에 들어서서 아일랜드 독립전쟁(1919~1921)과 이어진 내전, 미국의 금주법(1920~1933) 그리고 제2차 세계대전(1939~1945) 등 여러 큰 사건으로 인해 그 유명세가 줄어들었다.

특히 제2차 세계대전 때는 스카치위스키가 미국 군인들에게 무제한으로 제공되면서 그 맛에 익숙해졌다. 스카치위스키의 철자가 'Whisky'인데, 아일랜드에서는 'e'를 넣어 'Whiskey'라고 쓴다. 스카치위스키에 대한 차별화이자 원조로서의 자부심을 드러낸다. 아이리시 위스키는 반드시 아일랜드섬 안에 있는 증류소에서 생산되고 숙성되어야 하며, 기본적으로 보리, 밀, 호밀, 옥수수와 같은 곡물과 물을 원료로 사용한다. 발효된 곡물 매시를 증류한 후 최소 3년 동안 700리터 이하의 나무통(오크는 아니어도 무방하다)에서 숙성해야 한다. 목재의 종류에 관한 규정은 없지만 대부분 아메리칸 위스키 배럴을 재사용한다. 이 과정에서 설탕이나 감미료 추가는 허용되지 않는다.

증류는 2회 혹은 3회 가능하다. 위스키는 알코올 함량 94.8% ABV를 초과해서는 안 되며, 사용된 곡물의 향과 풍미가 반드시 느껴져야 한다. 병입 시 물과 캐러멜색소 사용만 허용되며, 최소 40% ABV 이상으로 병입을 해야 한다. 아이리시 위스키는 크게 다음의 네 가지로 나뉜다.

- 포트 스틸 아이리시 위스키(Pot Still Irish Whiskey)
- 몰트 아이리시 위스키(Malt Irish Whiskey)
- 그레인 아이리시 위스키(Grain Irish Whiskey)
- 블렌디드 아이리시 위스키(Blended Irish Whiskey)

아이리시 위스키는 보통 3회 증류하기 때문에 스카치위스키에 비해 전반적으로 가볍고 부드럽다.

제임슨(Jameson): 아이리시 위스키의 아이콘

1780년, 존 제임슨John Jameson에 의해 설립된 제임슨은 아일랜드 더블린에 본사가 위치한 아이리시 위스키로, 3번 증류해서 부드러운 맛이 특징이다. 존 제임슨은 1823년 12월 3일에 83세를 일기로 타계했는데, 이로 인해 제임슨에서는 3을 특별한 숫자로 여긴다.

존 제임슨은 여러 방면으로 그 이름을 알렸는데, 그는 16명의 자녀를 둔 것으로도 잘 알려져 있다. 제임슨 가문의 모토는 '시네 메투Sine Metu'인데 '두려움 없이'라는 의미로, 존 제임슨의 희망으로 제임슨 병에 각인되어 있다.

3월 17일 세인트 패트릭 데이St. Patrick's Day는 아일랜드에 기독교와 증류 기술을 전파한 패트릭 성인의 기일을 기리는 날로서 아이리시 위스키 제임슨의 가장 큰 기념일이자 축제이다.

제임슨 증류소

부쉬밀(Bushmills): 세계에서 가장 오래된 면허를 지닌 증류소

1608년에 설립된 부쉬밀은 북아일랜드 북쪽 앤트림주에 위치하며, 세계에서 가장 오래된 라이선스 위스키 증류소이다. 부쉬밀이라는 이름은 제분소^{Mills}와 부쉬 강^{River Bush} 이름을 따서 만들었다.

'부쉬밀 오리지널'은 세 번의 증류 과정을 거친 몰트위스키와 라이트 아이리시 그레인위스키를 블렌딩한 것으로 신선한 과일 향과 바닐라 향이 도드라지는 것이 특징이다.

부쉬밀 증류소

04. 아메리칸 위스키(American Whiskey)

아메리칸 위스키American Whiskey 중 가장 인기 있는 위스키는 버번위스키Bourbon Whiskey와 테네시 위스키Tennessee Whiskey이고, 이 외에도 콘 위스키Corn Whiskey, 라이 위스키Rye Whiskey, 휘트 위스키Wheat Whiskey 등이 있다.

버번위스키는 최소 51% 이상(51~80%)의 옥수수를 원료로 사용해야 하고, 160 proof(80% ABV) 이하로 증류되어야 하며, 125 proof(62.5% ABV) 이하로 내부를 불로 태운 새 오크통New, Charred Oak Barrel에서 숙성시켜야 하며, 추가적인 첨가물이 없어야 한다. 미국에서 생산되고 병입이 되어야 하며, 증류 후 병입 시 80 proof(40% ABV) 이상이어야 법적으로 '버번'이라고 부를 수 있다. 미국 어디서나 증류할 수 있지만, 약 95%는 켄터키주Kentucky州에서 만들어진다. 통의 크기나 숙성 기간은 제한이 없다. 스트레이트 버번Straight Bourbon은 최소 2년 이상 숙성시켜야 한다. 버번위스키는 매시빌Mash Bills, 곡물 배합 레시피이나 효모의 종류, 오크통의 차링 단계에 따라 풍미가 달라진다. 일반적으로 버번은 바닐라, 캐러멜, 나무의 달콤한 향을 지니고 있다. 콘 위스키는 최소 80% 이상의 옥수수로 만들어진다.

테네시 위스키는 버번위스키 제조 과정과 같은 규정을 따르는데, 크게 두 가지 면에서 버번위스키와 다르다.

① 반드시 테네시주에서 생산되어야 하며,
② 숙성 전에 단풍나무(Maple) 숯 여과인 링컨 카운티 공정(Lincoln County Process)을 거친 후에 새 오크통에서 숙성되어야 한다. 단풍나무 숯 여과 과정의 결과로 테네시 위스키는 버번위스키보다 더 달콤하고 가벼운 보디를 지니고 있다. 한국에서도 인기 있는 잭 다니엘스(Jack Daniel's)가 대표적인 테네시 위스키이다.

라이 위스키는 최소 51% 이상의 호밀로 만들어야 하며, 나머지는 옥수수와 보리를 섞어 만든다. 라이 위스키는 버번위스키보다 스파이시한 풍미를 지니고 있다. 올드 패션드Old Fashioned와 같은 칵테일을 만들 때 버번위스키를 대체해서 라이 위스키를 쓰기도 한다. 라이 몰트위스키는 최소 51% 이상의 맥아 호밀로 만들어야 한다.

휘트 위스키는 최소 51% 이상 밀로 만들어야 한다. 밀 위스키는 금주법 이후 처음으로 출시된 새로운 스타일의 아메리칸 위스키이다. 몰트위스키는 최소 51% 이상(대부분 100% 사용이 많음) 보리(맥아)를 사용해야 하고, 새 오크통에서 숙성해야 하며, 완성된 위스키는 80 proof(40% ABV) 이상이어야 한다. 스트레이트 위스키는 최소 2년 이상 숙성된 위스키를 의미하며, 병입 전에 물만 첨가할 수 있다. 미국에서 숙성되지 않은 위스키는 화이트 독White Dog, 화이트 위스키White Whiskey 혹은 문샤인Moonshine이라고 부른다.

간혹 보틀드 인 본드Bottled-in-Bond, BIB 제품을 볼 수 있다. 보틀드 인 본드 위스키란 1897년에 제정된 법에 따라 미국 재무성이 관리하고 감독하는 규정에 맞게 생산되는 위스키를 의미한다. 과거에 숙성 연도를 속이거나 법으로 정해진 원료 이외의 첨가물을 넣는 등 불법이 난무하던 시대에 품질 관리 기준을 마련해서 대중의 신뢰를 확보하기 위한 목적으로 만들어졌다.

핵심은 주원료를 51% 이상 사용해서, 단일 증류소에서, 하나의 증류기로 만든, 같은 연도에 생산된 원액으로 만들어야 하고, 미 연방정부에서 관리 감독하는 숙성 창고에서 4년 이상 숙성해야 하며, 병입 시에 미 연방정부의 감독을 받아야 하고, 병입 당시 알코올 함량은 100 proof(50% ABV)여야 한다는 것이었다. 오늘날에는 과거와 같은 불법적인 문제들이 거의 없어졌으나, 여전히 많은 위스키 업체에서 보틀드 인 본드 제품을 생산하고 있다.

버팔로 트레이스(Buffalo Trace): 버팔로의 발자취를 따라 시작된 미국 버번의 전통

버팔로 트레이스 증류소는 1786년 켄터키주의 주도인 프랭크퍼트Frankfort에 설립되었다. 위스키 마니아들 사이에서 버팔로 트레이스Buffalo Trace는 메이커스 마크Maker's Mark, 와일드 터키Wild Turkey와 함께 '버번위스키 입문 3대장' 중 하나로 불리고 있다.

'버팔로 트레이스'란 이름은 미 서부개척 시대에 개척자들이 지나갈 수 있는 길이 바로 야생 버팔로가 지나간 길이고, 그 길을 따라 서부로 갔다는 의미이다. 1775년 핸콕 리와 윌리스 리Hancock and Willis Lee 형제가 정착하여 리스타운Leestown을 세웠다. 그리고 1786년 이 리스타운에 증류소를 세웠는데, 이 증류소가 현재의 버팔로 트레이스 증류소의 모태가 된다. '버팔로 트레이스 증류소'란 이름은 1999년 리노베이션 후 명명되었다.

버팔로 트레이스는 클래식한 스타일의 아메리칸 버번으로 강한 바닐라와 오크 향이 특징이다. 버팔로 트레이스 증류소 투어는 무료로 운영되며, 방문객들은 위스키 제조 전 과정과 시음 체험을 즐길 수 있어 켄터키 버번 트레일Kentucky Bourbon Trail 여행객에게 인기가 높다.

버팔로 트레이스 웨어하우스

웨어하우스 내부

메이커스 마크(Maker's Mark): 세상에 단 하나뿐인 버번

메이커스 마크 증류소는 1953년 '빌 새뮤얼스 시니어 Bill Samuels Sr.'에 의해 켄터키주 로레토 Loretto, Kentucky에 설립되었다. '장인의 표식'이라는 뜻을 가진 메이커스 마크의 브랜드 이름, 병의 모양, 라벨의 모양, 그리고 메이커스 마크의 상징이 된 시그니처 '빨간 왁스 봉인'은 모두 '빌 새뮤얼스 시니어 Bill Samuels Sr.'의 아내인 '마지 새뮤얼스 Margie Samuels'가 고안했다. 이런 공로로 마지 새뮤얼스는 2014년 켄터키 버번 명예의 전당에 헌액된 최초의 여성이 되었다.

라벨에 있는 둥근 마크는 메이커스 마크의 상징인데, 'S'는 새뮤얼스 Samuels를, 'IV'는 4대 디스틸러 Distiller로서의 '빌 새뮤얼스 시니어'를(후에 6대 디스틸러로 밝혀졌다), '☆'은 증류소가 있는 '스타 힐 농장 Star Hill Farm'을 의미한다. 그리고 의도적으로 깨어진 원형은, 남북전쟁, 제1차 세계대전, 금주법 등 어두웠던 시기를 나타낸다. 메이커스 마크는 위스키 철자에 'e'를 빼고 'Whisky'라고 쓰는데, 이는 마지 새뮤얼스가 결정한 것으로 스코틀랜드 전통을 반영하기 위해서이다. 메이커스 마크는 오랜 전통의 생산 방식을 고집하고 있다.

트레이드 마크인 빨간색 왁스 봉인 작업도 수작업으로 진행하며, 병을 직접 왁스에 담가 흘러내리는 모양을 그대로 살린다. 그래서 '하늘 아래 똑같은 메이커스 마크는 없다.'라고 말한다. 메이커스 마크를 개봉할 때는 빨간색 왁스에 길쭉하게 나온 부분을 잡고 쭉 뜯어 돌려서 열면 된다. 메이커스 마크는 일반 호밀이 아닌 부드러운 '붉은 겨울 밀 Red Winter Wheat'을 사용하여 부드럽고 균형 잡힌 풍부한 맛을 낸다.

메이커스 마크

와일드 터키(Wild Turkey): 칠면조 사냥터에서 시작된 버번의 전설

와일드 터키 증류소는 1869년, 아일랜드계 이민자인 리피 형제Ripy Brothers에 의해 미국 켄터키주 로렌스버그Lawrenceburg의 와일드 터키 힐Wild Turkey Hill에 설립되었다. 와일드 터키 증류소의 이름은 야생 칠면조 사냥에서 영감을 받아 붙여진 이름이다.

와일드 터키는 켄터키강의 물, 60년 넘게 유지해온 오리지널 효모 균주, 유전자 변형 없는 최고 품질의 곡물Non-GMO Grains을 사용하고, 가장 강도 높은 엘리게이터 차링Alligator Charring을 거친 오크통에서의 숙성 등이 특징이다. 바닐라, 오크 향과 스모키한 풍미를 지니고 있다.

'버번의 아버지' 혹은 '버번의 부처Buddha of Bourbon'로 불리는 마스터 디스틸러 지미 러셀Jimmy Russell에 이어, 아들 에디 러셀Eddie Russell, 그리고 손자 브루스 러셀Bruce Russell까지 3대가 가업을 이어 와일드 터키에서 일하고 있다. 1954년 마스터 디스틸러로 와일드 터키에 합류한 지미 러셀은 2000년 켄터키 버번 명예의 전당에 헌액되었고, 2024년, 증류소 근속 70주년을 맞이했다.

와일드 터키 증류소

와일드 터키 제품들

와일드 터키 기념품숍

에반 윌리엄스(Evan Williams): 가성비의 전설이 된 버번

에반 윌리엄스는 1935년에 설립된 브랜드로, 켄터키주 루이빌Louisville, Kentucky에 위치한 헤븐힐 증류소Heaven Hill Distillery에서 증류해서 바즈타운Bardstown에서 병입되는 켄터키 스트레이트 버번위스키 브랜드이다.

에반 윌리엄스는 1957년에 출시되었는데, 1783년 버번위스키의 본고장인 미국 켄터키주에 최초로 상업 증류소를 세운 에반 윌리엄스의 이름을 따서 명명되었다. 다만, 헤븐힐과 에반 윌리엄스라는 실제 인물은 직접적인 관련은 없다.

에반 윌리엄스 모든 제품은 최소 4년 이상 숙성된다. 가성비가 뛰어나 버번 입문용이나 칵테일용으로 많이 사용된다.

에반 윌리엄스

잭 다니엘스(Jack Daniel's): 전설이 된 'Old No. 7'

잭 다니엘 증류소 Jack Daniel Distillery는 1866년 '잭 다니엘'로 더 잘 알려진 '재스퍼 뉴튼 다니엘 Jasper Newton Daniel'에 의해 미국 테네시주 린치버그 Lynchburg에 설립되었다. 이 위스키는 생산 과정에서 단풍나무 숯을 이용한 여과 과정인 링컨 카운티 공정 Lincoln County Process을 거치며 부드러워진다.

잭 다니엘스를 상징하는 위스키는 '올드 넘버 세븐 Old No. 7'인데, 숫자 '7'의 의미에 대해서는 병 번호, 기차 번호, 럭키 넘버, 잭 다니엘이 좋아한 숫자 등 여러 설이 존재한다. 그러나 창업자인 잭 다니엘이 사망 전까지 의미를 밝히지 않았기에, 정확한 뜻은 여전히 미스터리로 남아 있다.

잭 다니엘스   짐 빔

짐 빔(Jim Beam): 하이볼 열풍의 주역

미국 버번위스키를 대표하는 브랜드인 짐 빔은 1795년 독일계 이민자 제이콥 빔 Jacob Beam에 의해 설립되었다. 보엠 Boehm, Böhm 가문은 켄터키주로 이주하면서 이름을 미국식인 빔 Beam으로 바꾸었다. 브랜드 이름 짐 빔은 1933년 금주법 이후 사업을 재건한 짐 빔 Jim Beam, James Beauregard Beam의 이름을 따서 명명되었다. 짐 빔은 최소 4년 이상 오크통에서 숙성되며, 국내에서 짐 빔 위스키는 산토리 가쿠빈 위스키와 함께 하이볼 열풍을 주도하고 있다.

05. 캐나디안 위스키(Canadian Whisky)

캐나다 위스키는 일반적으로 옥수수, 호밀, 밀, 보리 등 다양한 곡물로 만든 위스키를 혼합하여 만드는데, 발효된 곡물을 증류하여 최소 3년 동안 700리터 이하의 나무통에서 숙성시켜야 한다. 또한, 병입 시 알코올 함량이 최소 40% 이상이 되어야 하며, 캐러멜과 향료를 넣을 수 있다.

캐나다의 경우 주로 단일 증류소의 원액을 사용해서 위스키를 만들기 때문에 대부분 싱글 그레인위스키이다. 전통적인 방식의 캐나디안 위스키는 일부의 경우를 제외하고 설탕을 첨가하지 않는다.

1920년부터 1933년까지 미국이 금주법을 시행하면서 역으로 캐나다의 위스키 산업이 크게 성장했다. 전반적으로 캐나다 위스키는 마시기 쉬운 스타일을 추구한다. 아메리칸 위스키보다 호밀 함유량이 대체로 높은 편이다. 한국에서는 크라운 로얄, 캐나디안 클럽 등이 유명하다.

크라운 로얄(Crown Royal): 왕의 방문으로 탄생한 캐나다 위스키의 자부심

크라운 로얄은 캐나다의 대표적인 증류 회사 시그램Seagram이 1939년, 조지 6세 국왕King George VI과 엘리자베스 여왕Queen Elizabeth의 방문을 기념하기 위해 만든 블렌디드 위스키이다. 이 위스키는 600가지 이상의 블렌딩을 시도한 후 탄생했으며, 엄선된 50개의 위스키 원액을 섞어서 만들었다. 스카치위스키보다 가벼운 크라운 로얄은 부드럽고 균형 잡힌 풍미를 지녀 다재다능한 위스키로서 칵테일의 베이스로도 훌륭하다.

캐나디안 클럽(Canadian Club): 사교 클럽의 위스키

캐나디안 클럽 증류소 Canadian Club Distillery는 1858년에 곡물 상인이었던 히람 워커 Hiram Walker에 의해 당시 캐나다의 온타리오주 워커빌 Walkerville, Ontario에 설립되었다. 워커빌은 1935년에 윈저 Windsor와 합병되었다.

캐나디안 클럽은 애칭으로 CC라고 불리는데, 부드럽고 다양한 방식으로 즐길 수 있으며, 마시기 편한 위스키이다. 금주법 이전부터 미국과 캐나다에서 '클럽 위스키'라는 이름으로 널리 인기를 끌었다. 기계 설비나 생산 방식은 현대화되었으나, 1858년에 만들어진 레시피와 생산 과정을 여전히 고수하고 있다.

캐나디안 클럽 12년

06. 재패니즈 위스키(Japanese Whisky)

일본 위스키는 세심한 장인정신과 디테일에 주의를 기울이는 스타일이다. 스코틀랜드 방식에서 영감을 받아 일본만의 독자적인 스타일을 개발했다. 일본 위스키는 우아하고, 균형이 잡힌, 조화로운 맛을 지니고 있다. 스카치위스키와 마찬가지로 일본 위스키도 주로 보리(맥아)를 사용한다. 옥수수나 쌀과 같은 다른 곡물은 그레인위스키에 사용된다.

일본 증류소에서는 단식 증류기와 연속식 증류기를 모두 사용한다. 단식 증류기는 풍부하고 복잡한 맛의 몰트위스키 생산에 사용되고, 연속식 증류기는 그레인위스키 생산에 사용된다. 숙성에는 버번, 셰리, 미즈나라 캐스크 등 다양한 캐스크를 사용한다.

일본의 기후에 따른 온도 변화가 커 위스키와 나무 사이의 상호작용을 가속하여 스코틀랜드에 비해 조금 더 빨리 숙성된다. 일본 위스키에는 100% 맥아를 사용하여 단일 증류소에서 제조되는 싱글 몰트위스키, 옥수수나 밀 등을 원료로 연속식 증류기로 만드는 그레인위스키, 몰트위스키와 그레인위스키를 블렌딩해서 만드는 블렌디드 위스키 등이 있다.

현재 일본 위스키는 가격이 폭등하고, 품귀 현상을 보이고 있는데, 이는 야마자키 등 일본 위스키의 국제 품평회 수상, 짐 머레이Jim Murray 등 유명 위스키 평론가들의 극찬, 닛카 위스키 창업자인 타케츠루 마사타카의 일생을 다룬 드라마 맛상マッサン, 2014~2015의 유행, 중국의 수요 증가 등 복합적인 원인이 있다. 대표적인 일본 위스키 브랜드로 산토리와 닛카가 있다.

법적 규제는 아니지만 '일본 증류주 & 리큐어 생산자 협회Japan Spirits & Liqueurs Makers Association, JSLMA'에서 규정한 '재패니즈 위스키Japanese Whisky'의 정의는 다음과 같다.

- 원재료는 항상 맥아 곡물을 사용해야 하지만 다른 곡물이 포함될 수 있다.
- 생산에 사용되는 물은 반드시 일본에서 추출해야 한다.

- 당화, 발효 및 증류는 일본 소재인 증류소에서 시행해야 한다. 반드시 95% ABV 미만으로 증류해야 한다.
- 나무통에 넣어 최소 3년 이상 일본에서 숙성시켜야 한다.
- 반드시 일본에서 병입을 해야 한다. 병입된 증류주는 최소 40% ABV 이상이어야 한다.
- 캐러멜색소(E150a)는 사용할 수 있다.

이러한 기준을 충족하지 못한 위스키는 일본식 이름이나 국기를 사용하는 등 오해의 소지가 있는 마케팅을 할 수 없다.

야마자키 12년

산토리(Suntory): 재패니즈 위스키의 역사

재패니즈 위스키의 역사는 결국 산토리의 역사다. 1899년 산토리 창립자인 '토리 신지로 Torii Shinjiro, 鳥井信治郎'가 오사카에 토리 상점 Torii Shoten을 설립했고, 1919년 오사카에 산토리 공장을 설립했으며, 1921년 12월 주식회사 코토부키야 株式会社壽屋를 설립했다. 1923년 교토 외곽에 일본 최초이자 가장 오래된 몰트위스키 증류소인 야마자키 증류소 Yamazaki Distillery 건설을 시작해서 1924년 11월에 완공되었다. 1929년 4월 일본 최초의 싱글 몰트위스키 '산토리'가 출시됐지만 실패했다. 1937년, 산토리 위스키 가쿠빈 Suntory Whisky Kakubin을 출시했다.

산토리 Suntory의 산 Sun은 태양을 의미하고, 토리 Tory는 창업자인 토리 신지로의 이름에서 유래된 것이다. 1961년, 토리 신지로의 차남인 사지 케이조 佐治敬三가 2대 마스터 블렌더가 된다. 1963년, 3월 맥주 분야로 새롭게 진출하면서 사명을 제품 이름이었던 '산토리'로 변경했다. 1972년, 사지 케이조는 치타 반도 Chita Peninsula에 치타 증류소 Chita Distillery를 설립했다. 1973년, 일본 위스키 50주년을 기념해서 일본 남알프스의 깊은 숲속에 하쿠슈 증류소 Hakushu Distillery가 설립되었다. 1984년 산토리 싱글 몰트위스키 야마자키 Yamazaki가 출시되었다. 1989년, 산토리 위스키 히비키 Hibiki가 출시되었다. 2002년, 케이조의 아들 토리 신고 Torii Shingo가 3대 마스터 블렌더가 되었다. 2023년, 산토리는 100주년을 맞이했다.

창업자 토리 신지로

산토리 야마자키 증류소

야마자키 증류소 증류기

야마자키 증류소 테이스팅 라운지

닛카(Nikka): 일본 위스키의 아버지

닛카 위스키의 설립자는 1894년 사케 양조장 집안에서 태어나 스코틀랜드에 유학을 다녀온 타케츠루 마사타카^{竹鶴政孝}이다. '일본 위스키의 아버지'로 불리는 타케츠루는 스코틀랜드 스페이사이드 지역 롱몬 증류소^{Longmorn Distillery}에서 몰트위스키 생산의 기초를 배웠고, 에든버러 근처 보네스에 있는 증류소에서 연속식 증류기를 사용한 그레인위스키 생산을 배우고 경험했다.

1920년, 리타^{Rita}와 결혼 후 부부는 캠벨타운으로 갔고, 헤이즐번 증류소^{Hazelburn Distillery}에서 6개월간 몰트위스키 생산뿐만 아니라 블렌딩 기술도 익혔다. 1923년 6월 타케츠루는 유통업자인 토리 신지로의 코토부키야(현 산토리 홀딩스 주식회사)에 합류해서 함께 야마자키 증류소를 세웠는데, 대중적인 위스키를 원하는 토리와 정통 스카치 스타일을 원하는 타케츠루는 결국 갈라서게 된다.

1934년 3월 계약을 마친 타케츠루는 코토부키야를 나가서 그해 7월에 대일본과즙주식회사^{大日本果汁株式会社}를 설립하고 같은 해 10월, 그는 요이치 증류소를 세우게 되는데 이것이 닛카 위스키의 시작이다. 1940년 6월, 'Nippon Kaju^{日本果汁}'에서 'Ni'와 'Ka'를 따와서 'Nikka'라는 이름으로 닛카 위스키를 출시했다.

다케츠루는 다양한 증류소에서 독특한 몰트를 만들어 스코틀랜드와 같은 품질의 위스키를 생산하는 것을 꿈꿨다. 1969년 5월 다케츠루는 미야기현의 한 숲에 미야기쿄 증류소^{Miyagikyo Distillery}를 건설했다. 요이치는 하이랜드 스타일, 미야기쿄는 로우랜드 스타일의 몰트위스키이다. 요이치 증류소와 미야기쿄 증류소 투어는 무료이다.

요이치 증류소

미야기쿄 증류소

07. 타이완 위스키(Taiwanese Whisky)

　대만은 세계 3~4위의 싱글 몰트위스키 소비국으로 알려져 있다. 다만, 대만은 2002년까지 주류 전매 제도를 시행하고 있었기 때문에 자체적인 위스키 증류소가 없었는데, 2002년 세계무역기구^{WTO} 가입을 계기로 주류 전매 제도가 폐지되면서 대만 각지에 위스키 증류소가 생겼다.

　대만의 증류소들은 스코틀랜드의 증류소들과 달리 숙성 연수 미표기(NAS) 제품들을 주로 생산한다. 이것은 역사가 짧은 데다, 고온다습한 기후로 인해 오래 숙성하기 힘든 환경의 영향이기도 하다. 숙성하면서 자연 증발하는 엔젤스 셰어^{Angel's Share}가 무려 1년에 적게는 6~7%, 많게는 12~15%로 스코틀랜드의 3~5배가 넘는다. 여름에는 덥고, 겨울에는 춥지 않아서 스코틀랜드 등 다른 나라에 비해 숙성 속도가 빠르다는 장점으로 이어진다. 대만의 대표적인 증류소로 카발란 증류소와 오마르 증류소 등이 있다.

카발란 솔리스트 시리즈

카발란(Kavalan): 박찬욱과 BTS가 반한 아시아 싱글 몰트의 자존심

카발란 증류소Kavalan Distillery, 噶瑪蘭酒廠는 대만 최초의 위스키 증류소로서 2005년 진처金車, King Car그룹의 리톈차이李添財 회장이 대만 동북부의 이란현宜蘭縣에 설립하였다. 카발란은 이란현의 옛 이름으로, 이 땅을 보물처럼 가꾸고, 자연이 준 선물에 보답하고자 하는 마음으로 카발란 위스키라는 이름을 붙였다.

2006년 3월 첫 번째 술을 증류했고, 2008년 12월 첫 제품인 '카발란 클래식 싱글 몰트 위스키Kavalan Classic Single Malt Whisky'를 출시했다.

2010년, 타임지 주최로 스코틀랜드에서 로버트 번스의 생일을 기념하는 번스 나이트Burns Night 블라인드 테이스팅에서 영국과 스코틀랜드의 위스키들을 제치고 1위를 차지했다. 이듬해인 2011년 WWAWorld Whiskies Awards 최고 인기 증류소 상 수상, IWSCInternational Wine & Spirit Competition 아시아 태평양 올해의 생산자 트로피 수상, 2015년 카발란 솔리스트 비노 바리끄 싱글 캐스크 스트렝스Kavalan Solist Vinho Barrique Single Cask Strength의 WWA 월드 베스트 싱글 몰트World's Best Single Malt와 베스트 아시아 싱글 몰트Best Asian Single Malt 수상, 2017년 카발란 솔리스트 올로로소 셰리 싱글 캐스크 스트렝스Kavalan Solist Oloroso Sherry Single Cask Strength와 카발란 솔리스트 비노 바리끄 싱글 캐스크 스트렝스Kavalan Solist Vinho Barrique Single Cask Strength의 SFWSCSan Francisco World Spirits Competition 더블 골드 메달Double Gold Medal 수상 등 세계 유수의 주류 품평회에서 700여 개 이상의 메달을 수상하며 품질을 인정받았다.

카발란은 STR 공법으로 유명한데, 이는 카발란에서 개발한 오크통 관리 방법으로 깎기Shaving, 굽기Toasting, 다시 태우기Re-Charring의 약자이다. 이 과정을 통해서 원치 않는 이취를 제거하고, 독특한 향을 만들어낸다. 카발란 위스키들은 기본적으로 냉각 여과하지 않고(논칠필터드), 캐러멜색소를 사용하지 않는다(내추럴 컬러).

국내에서도 박찬욱 감독의 영화 '헤어질 결심'과 방탄소년단BTS RM 등의 영향으로 '카발란 솔리스트 올로로소 셰리 캐스크 스트렝스' 등 카발란 위스키가 큰 인기를 끌고 있다.

카발란 증류소

카발란 증류기

오마르(Omar): 깨끗한 산과 물에서 태어난 대만의 정통 싱글 몰트

오마르는 대만 담배 주류공사인 TTL^Taiwan Tobacco & Liquor Corporation의 난터우 증류소^Nantou distillery에서 생산하는 위스키 브랜드이다. 오마르^Omar는 게일어로 호박^Amber을 뜻한다고 전해진다. TTL은 1978년에 난터우 와이너리를 건설했다. 이후 대만 현지 위스키를 만들기 위해 2008년에 난터우 증류소 건설을 시작해 2009년에 완공하고, 2013년 10월 첫 번째 싱글 몰트위스키를 출시했다.

2014년부터는 ISC, SFWSC, MMA, IWSC, WWA, CMB 등 국제 증류주 대회에서 다수의 메달을 수상하고 있다. 2017년에는 대만 최초의 피트 몰트위스키를 출시했다. 난터우 증류소는 깨끗한 물이 흐르는 산으로 둘러싸여 있어 위스키 제조와 숙성에 적합하다. 냉각 여과를 거치지 않고(논칠필터드), 캐러멜색소를 첨가하지 않는다(내추럴 컬러).

난터우 증류소

08. 코리안 위스키(Korean Whisky)

우리나라는 오랫동안 자국의 위스키를 생산하지 않았다. 1980년대 아시안 게임과 서울 올림픽을 계기로 다수의 증류소가 설립되었지만, 장기적인 운영이 지속되지 못했다. 이후 약 30년간 100% 수입에만 의존해 오다가, 2020년 '쓰리소사이어티스^{현 기원 위스키 증류소}'가 설립되면서 다시 위스키 생산국으로의 문을 활짝 열었다.

현재 우리나라를 대표하는 증류소로 '기원 위스키 증류소'와 '김창수 위스키 증류소'가 있다. 한편, 국내 위스키 시장이 커지면서 크래프트 브로스^{Craft bros}와 같은 맥주 양조장에서도 위스키 생산을 시작했고, 대기업들 또한 본격적인 진출을 준비 중이다. 우리나라는 기후 특성상 스코틀랜드에 비해 위스키 숙성이 더 빠르게 진행된다.

기원 위스키 증류소(Ki One Whisky Distillery): 한국 싱글 몰트의 시작과 희망

한국 최초의 크래프트 싱글 몰트 증류소인 '기원 위스키 증류소^{구 쓰리소사이어티스}'는 2020년 6월, 한국 수제 맥주 업계의 선구자 중 한 명인 도정한 대표에 의해 경기도 남양주시에 설립되었고, 2021년 9월 국내 최초로 싱글 몰트위스키 '기원'을 출시했다.

증류소가 자리한 지역은 양질의 샘물과 큰 일교차, 계절 차로 인해 위스키 숙성에 좋은 환경을 갖추고 있다. '기원'이라는 이름에는 한국 싱글 몰트위스키의 새로운 시작^{Beginning}과 세계적인 위스키가 되고자 하는 희망^{Hope}이 담겨 있다.

도정한 대표와 앤드류 상무

기원 위스키 증류소는 정통 스카치위스키 생산 방식을 고수하면서도, 한국적인 맛을 담아 위스키를 생산하고 있다. 2024년 기존의 회사명인 '쓰리소사이어티스'를 제품명으로 사용하던 '기원'으로 변경하고, 로고와 라벨, 병 디자인까지 한국적이면서 현대적인 감각을 더해 새롭게 탈바꿈하고 있다.

기원 위스키 증류소

기원 위스키 증류기

기원 위스키 증류소 웨어하우스

한편, 기원 위스키 증류소는 5년이라는 짧은 시간에도 불구하고 증류소의 노력과 가치를 인정받아 2005년 위스키 매거진에서 선정하는 올해의 'CRAFT DISTILLERY - HIGHLY COMMENDED'로 선택되었고, 2024년 세계 3대 주류 품평회 중 하나인 '샌프란시스코 국제 증류주 대회 SFWSC San Francisco World Spirits Competition'에서 한국 위스키 최초로 '기원 올로로소 셰리'와 '기원 스모크드' 등 2개 제품이 동시에 더블 골드메달을 수상했다. 이외에도 '기원 피티드'와 '기원 포트'를 포함한 4종이 골드메달을 수상했고, '기원 버진오크' 등 2종은 실버메달을 수상하니 그 품질을 입증했다.

김창수 위스키 증류소(Kim Chang Soo Whisky Distillery)
: 위스키를 사랑한 청년의 꿈, 김포에서 세계로!

'김창수 위스키 증류소'는 2020년 김창수 대표에 의해 경기도 김포시 통진읍에 설립되었다. 2022년 4월, 첫 제품을 336병 한정으로 출시하여 시장에 나오자마자 전량 완판되었다. 스코틀랜드 아일라 지역 싱글 몰트위스키인 '라프로익 10년 캐스크 스트렝스'를 마시고 위스키에 빠졌다고 하는 김창수 대표는 20살 때 전통주를 공부하면서 맥주, 와인 등으로 범위를 넓혀가다 위스키를 만나서 푹 빠지게 되었다고 한다.

20대 후반, 그는 중고 자전거를 마련해 스코틀랜드로 떠나 4개월간 텐트에서 잠을 자며 직접 102곳의 싱글 몰트위스키 증류소를 방문했다. 이후 일본 크래프트 위스키 업체 지치부秩父 증류소에서 연수하기도 했다.

2024년 출시된 첫 오피셜 싱글 몰트위스키 '김창수 위스키 김포 더 퍼스트 에디션 2024'는 판매 시작 1분 만에 품절 기록을 세우기도 했다. 김창수 위스키의 특징은 발효조로 스테인리스 스틸과 나무를 동시에 사용한다는 것이다.

현재 경북 안동에 새로운 증류소 건립을 진행 중이며, 한국 위스키의 미래를 이끄는 대표 주자로 주목받고 있다.

PART II

홈텐더를 위한 하이볼 노하우

1. 칵테일, 그 순간의 마법
2. 하이볼, 그 전설의 시작
3. 하이볼 만들기 비법 대공개
4. 홈텐더의 비밀병기, 하이볼 즐기기
5. 하이볼, 취향에 따라 즐기는 한 잔

01
칵테일, 그 순간의 마법

코로나19 시기를 거치며 위스키와 함께 하이볼의 인기도 높아졌다. 술에 다양한 음료를 섞어 마시는 '믹솔로지Mixology' 트렌드가 유행하면서, 위스키에 소다수를 섞은 정통 하이볼뿐만 아니라 다양한 조합의 하이볼 제품이 쏟아져 나오고 있다.

심지어 하이볼의 인기로 맥주 판매량이 감소했다는 기사까지 등장할 정도이다. 현재는 바Bar나 주점은 물론, 일반 식당에서도 하이볼을 판매하는 곳이 많다.

코로나가 해제된 이후에는 전국의 기업, 공공기관, 단체, 평생교육원, 문화센터 등에서 필자에게 하이볼 관련 강연 요청이 들어오기도 했다. 규모가 큰 매장에서는 해당 매장에서만 마실 수 있는 시그니처 하이볼 레시피를 개발해 달라는 의뢰도 많았다.

특히 MZ세대 사이에서 하이볼이 인기를 끌면서, CGV 신촌 아트레온 등 대학가 영화관에서는 하이볼 바Highball Bar를 오픈하기도 했다.

그렇다면 하이볼은 어떤 음료인가? 어떻게 만들어야 더욱 맛있게 즐길 수 있을까? 사실 하이볼은 완전히 새롭게 등장한 음료는 아니다. 칵테일의 한 종류로, 이미 우리 곁에 존재해 왔다. 따라서 하이볼을 제대로 알기 위해서는, 먼저 칵테일에 대한 이해가 필요하다.

애버펠디 위스키 하이볼, 애버펠디

카발란 위스키 하이볼, 카발란

PART II. 홈텐더를 위한 하이볼 노하우

01. 칵테일(Cocktail)의 정의와 어원

칵테일은 두 가지 이상의 음료를 섞어 맛과 멋을 더해 만든 혼합 음료로서, 분위기를 즐기기 위한 음료이고, 대화와 사색을 위한 음료이기도 하다.

칵테일은 섞는 형태에 따라 크게 3가지로 나눌 수 있다.

① 술과 술을 섞는 칵테일 (예: 드라이 마티니, 맨해튼)
② 술과 다른 음료를 섞는 칵테일 (예: 진토닉, 깔루아 밀크)
③ 무알코올 칵테일로, 술 이외의 음료만 섞는 경우 (예: 셜리 템플, 파인애플 선샤인)

'칵테일'이라는 단어는 수탉의 꼬리와 관련한 다양한 어원이 있다. 대표적인 설 중 하나는 다음과 같다.

멕시코 동남부 유카탄반도의 항구도시 캄페체에서, 영국 무역선이 입항하였다. 선원들이 들어간 어느 작은 술집의 바텐더가 잘 다듬은 나무 막대기로 술에 여러 가지 재료를 섞고 저으면서, 믹스 드링크를 만들고 있었다. 이를 본 영국 선원들은 위스키를 스트레이트(영어로는 보통 Neat라고 한다)로만 마시던 터라 그 음료의 이름을 물었다. 하지만 바텐더는 수탉의 꼬리 형상과 닮은 막대기를 묻는 말로 착각하고 스페인어로 『꼬라 데 가요(Cola de Gallo)』라고 답했다. 영어로 번역하면 『Tail of Cock』이다. 그 후 영국 선원들은 이것을 줄여 칵테일이라고 불렀다고 한다. 물론 이 외에도 다양한 설이 전해지고 있다.

02. 칵테일의 역사

술에 다른 재료를 섞어 마시는 문화는 고대 이집트(맥주+꿀)나 로마 시대(와인+해수)에도 존재했다.

17세기, 인도에 주재하던 영국인이 술, 과일, 설탕, 주스, 물 등 다섯 가지 재료를 혼합해 만든 음료를 펀치^{Punch}라고 불렀는데, 이러한 혼합 음료를 '칵테일'이라고 부르기 시작한 것은 18세기 중엽부터다. 1748년 영국에서 발행한 'The Squire Recipes'에 칵테일이란 단어가 처음 등장한다.

1767년, 산소의 발견자로도 유명한 영국의 화학자 조지프 프리스틀리$^{Joseph\ Priestley,\ 1733~1804}$가 탄산수를 만드는 방법을 개발하였고, 1772년에 탄산수를 만드는 방법을 정리한 논문$^{Directions\ for\ Impregnating\ Water\ with\ Fixed\ Air}$을 발표했다. 프리스틀리의 연구를 바탕으로 영국의 약사이자 화학자였던 토마스 헨리$^{Thomas\ Henry,\ 1734~1816}$가 1773년에 12갤런^{Gallon} 통^{Barrel}에 소규모 생산했고, 1783년 독일 출신의 보석 세공인이자 아마추어 과학자인 제이콥 슈웹$^{Jacob\ Schweppe,\ 1740~1821}$이 스위스 제네바에 자신의 이름을 딴 탄산수 제조사 슈웹스^{Schweppes}를 설립하게 되고 상업화의 길로 들어선다. 이후 브랜디 앤 소다$^{Brandy\ \&\ Soda}$와 스카치 앤 소다$^{Scotch\ \&\ Soda}$가 유행하며 본격적인 하이볼^{Highball} 문화가 시작되었다.

19세기에는 인공 얼음을 사용한 칵테일이 등장한다. 인공 얼음을 처음 만든 사람은 열을 연구한 영국(스코틀랜드)의 물리학자이자 수학자인 존 레슬리$^{John\ Leslie,\ 1766~1832}$로, 1810년 공기 펌프$^{Air\ Pump}$를 이용해 물을 얼린 것이 인공 얼음 생산의 시초였다. 이후 미국의 금주법 시대(1920~1933)를 지나면서, 칵테일은 오히려 전성기를 맞이하게 된다. 우리나라에 칵테일이 들어온 시기는 정확히 알 수 없으나, 근대 호텔의 등장과 함께 소개되었을 것으로 추정된다.

03. 칵테일의 특징

그렇다면 칵테일은 다른 알코올성 음료와 어떤 차이가 있을까? 칵테일만의 독특한 특징을 여섯 가지로 정리해 본다.

① 칵테일은 다양한 색, 향, 맛, 도수를 즉석에서 만들 수 있어 음료를 사용한 즉석요리(Cooking)라고 할 수 있다. 어떤 재료를 얼마의 양으로, 어떻게 조절하느냐에 따라 무수히 많은 종류를 만들어 낼 수 있다.

② 일반적인 알코올성 음료보다 영양이 풍부하고, 건강에 비교적 덜 해롭다(Wellbeing). 최근에는 과즙이나 허브 등의 재료를 많이 사용하고 있고, 건강한 원료로 직접 시럽이나 비터를 만들어 쓰는 경우가 늘고 있다.

③ 모든 칵테일엔 역사, 문학, 사랑 등 저마다의 이야기가 있다(Storytelling). 최초에 만든 사람의 생각, 이상, 영혼이 담긴 음료이기도 하다.

④ 직접 만드는 재미(DIY)가 있다. 최근 우리나라에서도 믹솔로지(Mixology)가 유행 중이다. 믹솔로지는 섞다(Mix)와 학문(Ology) 혹은 기술(Technology)의 합성어로, 알코올에 다른 음료, 과일 등을 섞어 마시는 것을 의미한다.

⑤ 무알코올 칵테일(목테일, Mocktail)이 가능하다. 음주가 어려운 운전자나 임산부, 어린이 등 술을 마실 수 없는 사람도 함께할 수 있다.

⑥ 한 잔씩 만들 수 있어 최근 혼술, 홈술 등의 트렌드와 가장 적합한 음료이다. 칵테일을 만드는 주류(증류주, 리큐어 등)는 대부분 유통기한이 없어서 장기 보관이 가능한 장점이 있다.

바

04. 칵테일의 분류

칵테일은 다양한 기준에 따라 분류할 수 있다. 대표적으로 식사 시간에 따라 다음과 같이 나뉜다.

- 아페리티프 칵테일(Aperitif Cocktail): 식전 칵테일로, 식욕을 돋우기 위한 음료다. 대표적으로는 네그로니(Negroni), 캄파리 앤 소다(Campari & Soda) 등이 있으며, 주로 캄파리(Campari), 베르무트(Vermouth) 등의 재료가 사용된다.
- 디저트 칵테일(Dessert Cocktail): 식후에 마시는 칵테일로, 달콤한 맛과 부드러운 식감이 특징이다. 비앤비(B&B), 푸스 카페(Pousse Café)처럼 브랜디나 리큐어가 주재료로 사용된다.
- 올데이 칵테일(All Day Cocktail): 식사와 무관하게 언제든지 즐길 수 있는 칵테일로, 스크루드라이버(Screwdriver), 테킬라 선라이즈(Tequila Sunrise) 등 주스류가 많이 사용된다.

또한, 용량과 마시는 시간에 따라 다음과 같이 분류하기도 한다.

- 롱 드링크 칵테일(Long Drink Cocktail): 보통 얼음이 들어가 있어 천천히 마셔도 되는 칵테일이다. 대표적으로 피즈(Fizz), 콜린스(Collins), 사워(Sour), 슬링(Sling), 펀치(Punch), 그리고 하이볼(Highball) 등이 있다.
- 숏 드링크 칵테일(Short Drink Cocktail): 보통 얼음이 들어 있지 않으며 온도에 민감해 비교적 빨리 마셔야 하는 칵테일이다. 대표적으로 마티니(Martini), 맨해튼(Manhattan) 등이 있다.

롱 칵테일과 숏 칵테일

05. 미국의 금주법과 칵테일의 발전

1914년 제1차 세계대전이 발발했다. 미국은 전쟁 초기에 중립을 유지했으나, 독일의 U-Boat^{독일어로 U-Boot이며, Unterseeboot의 약어로 잠수함을 뜻함}에 의해 미국 선박이 침몰하면서 연합군으로 참전하게 되었다. 제1차 세계대전 동안 미국은 전시 경제체제로 경제를 이끌었는데 전시 식량 절약, 작업능률 향상, 맥주를 만드는 독일인에 대한 반감 등이 겹쳐, 금주운동을 전국화하자는 요구가 일었다. 그 결과 1917년 미국 영토 내에서 알코올성 음료를 양조·판매·운반·수출입을 하지 못하게 하는 미국헌법 수정 제18조가 연방의회를 통과, 각 주의 승인을 얻어 1920년 1월 발효되었다. 아이러니하게도 미국에서 1920년부터 1933년에 걸쳐 시행했던 금주법은 칵테일 붐이 일게 된 계기가 되었다. 당시 미국에서는 법의 눈을 피해 밀주가 나돌아, 불법 무허가 술집에서 품질이 조악한 밀주에 주스, 시럽 등을 섞어 조금이라도 맛있게 만드는 방법을 연구하였다. 또한 술이 아닌 음료인 척 위장하기 위해, 술에 주스 등을 넣은 칵테일이 발전하게 되었다. 이것이 결과적으로 칵테일의 수준을 높이는 계기가 된 것이다.

한편, 금주법을 준수하고자 했던 양심적인 바텐더들은 합법적인 직장을 찾아 유럽으로 건너가게 되었는데, 유럽에서 칵테일은 더욱 발전해서 전 세계로 퍼지게 되었다. 이 시기에 나온 대표적인 칵테일이 블러디 메리^{Bloody Mary}이며, 미국의 작가 헤밍웨이가 다이키리^{Daiquiri}, 마티니^{Martini}, 모히토^{Mojito} 등 다양한 칵테일을 즐긴 것으로 유명하다.

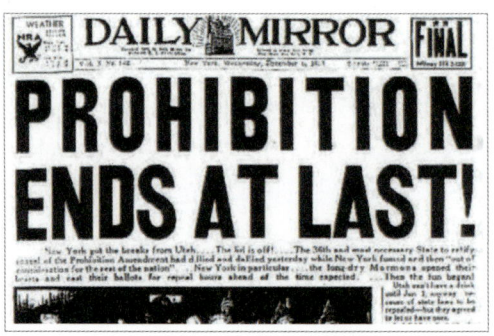

금주법 폐지 신문 기사

02
하이볼, 그 전설의 시작

01. 하이볼(Highball)의 정의, 어원, 역사

이제 조금 더 자세히 하이볼에 대해서 알아보자. 하이볼은 사전에 따라 조금씩 다르게 정의된다.

- **표준국어대사전**: '위스키나 브랜디에 소다워터나 물을 타고 얼음을 넣은 음료'
- **케임브리지 사전**: '소량의 스피릿과 많은 양의 믹서를 섞어 얼음과 함께 키가 큰 글라스에 담아 제공하는 음료'
- **옥스퍼드 사전**: '위스키나 진과 같은 스피릿에 소다워터나 진저에일 등을 섞어 얼음과 함께 제공하는 음료'

좁은 의미에서는 브랜디나 위스키에 소다워터를 섞어서 얼음과 함께 제공하는 음료를 뜻하며, 넓게는 술에 탄산음료를 섞어서 얼음과 함께 제공하는 음료 전반을 지칭한다. 최근 하이볼이 유행하면서 점점 범위가 넓어지는 추세이고, 우리나라에서는 증류식 소주 등 전통주를 활용한 하이볼과 무알코올 하이볼도 계속 개발되고 있다.

'하이볼'이라는 용어는 100년 이상 사용되었지만, 정확한 어원은 다소 불분명하다. 몇 가지 설이 있는데, 다음과 같다.

① 원래 초창기 철도 용어였다는 설이 있다. 하이볼이 기차 진행을 위한 철도 신호였다는 것이다. 무전기가 없던 시절에 선로를 따라 신호 기둥을 설치하고 기차가 진행할 수 있을 때 '공(Ball)'을 위로 올렸다는 것이다.

② 위스키 한 잔을 'Ball'이라고 부른 아일랜드 속어에서 유래했다는 설도 있다. 키가 큰(High) 글라스에 위스키를 넣으면 비중에 의해 제일 위에 뜨게 된다. 실제 글라스에 물을 넣고, 그 위에 위스키를 띄울 수 있다. '위스키 플로트(Whisky Float)'란 이름의 칵테일이다.

③ 탄산수에서 올라오는 기포의 모습이 공(Ball)을 연상시켜 하이볼이라고 불렀다고 한다.

④ 골프장에서 위스키에 탄산수를 타서 마시던 중, 골프공이 날아오는 것을 보고 '하이볼(High Ball)'이라고 했다는 설도 있다.

하이볼의 역사는 탄산수의 개발과 밀접한 관련이 있다.

하이볼

18세기 후반 탄산수가 상업화되면서 브랜디 앤 소다Brandy & Soda와 스카치 앤 소다Scotch & Soda가 유행하게 된다. 전통적인 하이볼은 증류주, 특히 브랜디와 위스키에 탄산수를 더한 두 가지의 재료만으로 만들어졌으며, 그 기원은 19세기 영국 상류층이 브랜디와 탄산수를 섞어 마시기 시작한 데서 찾을 수 있다.

스코틀랜드의 위스키 증류소 근처 지역에서는 브랜디 대신 스카치위스키가 사용되었고, 오늘날 우리가 알고 있는 위스키 하이볼(스카치 & 소다)이 탄생했다. 이후 일본의 주류 업체 산토리Suntory가 하이볼을 새로운 음주 문화로 발전시켜 상업적으로 대중화하는 데 큰 역할을 했다.

02. 하이볼의 기법

기법Method이란 칵테일을 만들 때 재료를 섞는 방법을 말한다. 칵테일 기법, 즉 재료를 섞는 방법이 다양한 이유는 다음과 같다.

① 재료마다 성질이 다르기 때문이다. 어떤 재료는 바 스푼으로 저으면 쉽게 섞이는 재료도 있고, 어떤 재료는 잘 섞이지 않으므로 셰이커나 블렌더를 사용해야 한다.

② 내가 만들어내고자 하는 칵테일의 결과물이 다르기 때문이다. 같은 재료를 사용해도 기법이 달라지면 결과물이 달라진다. 예를 들어, 거품이 있는 칵테일을 만들고 싶을 때 빌딩이나 스터링 기법으로는 힘들다. 이런 경우에는 셰이킹이나 블렌딩 기법을 사용한다. 그리고 특정 재료에 따라 기법이 제한되기도 한다. 예를 들어, 탄산이 들어간 재료(막걸리, 스파클링 와인, 소다워터, 콜라 등)는 탄산 때문에 기본적으로 셰이킹이나 블렌딩을 할 수 없다. 그래서 때로는 두 가지 이상의 기법이 함께 사용되기도 한다.

칵테일을 만드는 주요 기법으로는 빌딩Building, 셰이킹Shaking, 스터링Stirring, 플로팅Floating, 블렌딩Blending, 머들링Muddling, 롤링Rolling, 스로잉Throwing 등이 있는데, 바의 스타일에 따라서 다소 차이는 있겠지만 일반적으로 바에서 가장 많이 사용하는 기법은 빌딩Building과 셰이킹Shaking이다. 이 중에서 하이볼을 만드는 칵테일 기법이 바로 빌딩Building 기법이다.

빌딩 기법

스로잉 기법

빌딩Building 기법은 믹싱 글라스나 셰이커를 사용하지 않고, 고객에게 제공하는 글라스에 바로 칵테일을 만드는 기법이다. 칵테일을 빠르고 쉽게 만들 수 있어 일반적으로 2~3가지 재료만 사용하며, 최근 유행하는 하이볼이 대표적인 빌딩 기법의 칵테일에 해당한다. 빌딩 기법은 글라스에 얼음과 재료를 넣은 후 바 스푼으로 가볍게 젓는다.

이때 재료를 넣는 순서는 매우 중요하다. 일반적으로 비중이 가벼운 재료를 먼저, 비중이 무거운 재료나 탄산이 들어간 재료를 나중에 넣게 되는데, 비중은 알코올 도수와 당도, 즉 알코올과 당분의 함량에 따라 결정된다.

일반적으로 알코올은 물보다 가벼워 도수가 높은 술일수록 비중이 작다. 반대로, 당분이 많이 함유된 재료는 비중이 무겁다. 따라서 칵테일의 재료 중 증류주가 가장 가볍고, 리큐어가 중간, 시럽은 가장 무거운 편이다.

이러한 성질을 고려해 비중이 가벼운 재료를 먼저 넣으면, 나중에 비중이 무거운 재료를 넣는 것만으로 가라앉으며 전체가 자연스럽게 섞이는 효과를 낼 수 있다.

만약 비중이 무거운 재료를 먼저 넣고, 나중에 가벼운 재료를 넣으면 층이 생기면서 쌓이게 되는데, 이것을 활용한 방식이 플로팅 기법이다.

빌딩 기법으로 만드는 대표적인 칵테일로는 갓 파더God Father, 네그로니Negroni, 러스티 네일Rusty Nail, 모스코 뮬Moscow Mule, 브랜디 앤 진저에일Brandy & Ginger ale, 블랙 러시안Black Russian, 스크루드라이버Screwdriver, 스푸모니Spumoni, 올드 패션드Old Fashioned, 우 우Woo Woo, 위스키 하이볼Whisky Highball, 진 앤 토닉Gin & Tonic, 카타르시스Catharsis, 쿠바 리브레Cuba Libre, 파우스트Faust, 화이트 러시안White Russian 등이 있다.

03. 하이볼 글라스

칵테일은 맛뿐만 아니라 비주얼Visual도 중요한 요소이기 때문에, 종류에 따라 다양한 글라스를 사용한다. 하이볼 역시 전용 글라스인 하이볼 글라스Highball Glass를 사용해 만든다. 그런데 강의 중 바에서 사용하는 '진짜' 하이볼 글라스를 보여주면, 많은 이들이 의외라는 반응을 보인다. 식당이나 주점에서 흔히 접하는 하이볼용 글라스와 모양이 다르기 때문이다. 식당에서는 바Bar에서 사용하는 '진짜' 하이볼 글라스를 사용하기 어렵기 때문에, 보통 손잡이가 있는 두꺼운 글라스를 대신 사용한다. 이러한 데에는 실용적인 이유가 있다.

① 손잡이가 있어 여러 잔을 동시에 나를 수 있다.
② 잔의 두께가 두꺼워 세게 건배하더라도 잘 깨지지 않는다.
③ 세척이 용이하다.

하이볼 글라스 외에 칵테일에 많이 사용하는 글라스로는 칵테일 글라스Cocktail Glass, 올드 패션드 글라스Old Fashioned Glass, 콜린스 글라스Collins Glass, 리큐어 글라스Liqueur Glass, 필스너 글라스Pilsner Glass, 사워 글라스Sour Glass, 포코 그란데 글라스Poco Grande Glass, 와인 글라스Wine Glass, 샴페인 글라스Champagne Glass, 샷 글라스Shot Glass, 브랜디 글라스Brandy Glass, 아이리시 커피 글라스Irish Coffee Glass, 벌룬 글라스Balloon Glass 등이 있다.

이 외에도 코코넛이나 과일을 그대로 글라스처럼 사용할 수도 있어, 칵테일용 글라스에는 제한이 없다고 볼 수 있다. 대부분의 글라스가 투명한 것도 칵테일의 비주얼이 중요하기 때문이며, 색깔이 좋지 않거나 건더기가 있을 시, 불투명한 용기를 사용할 수도 있다.

글라스를 다룰 때는 위생적인 측면에서 항상 밑부분을 손으로 잡도록 하고, 스템Stem이 있는 경우 스템을 잡도록 한다. 사용하기 전에는 이물질이 묻어 있지 않은지, 깨진 부분이 없는지 반드시 확인하도록 한다.

글라스는 관리 및 보관도 중요하다. 사용한 글라스는 중성세제로 세척하여 따뜻한 물로 헹구고, 흐르는 물로 다시 헹구어 엎어둔 상태로 약 10분간 물기를 뺀다. 이후 마른 리넨Linen으로 물기를 완전히 제거해야 얼룩이 생기지 않는다.

유리 제품인 글라스는 가급적 포개어 놓지 않는다. 와인 글라스처럼 스템이 있는 글라스는 먼지가 들어가지 않게 글라스 랙Glass Rack에 거꾸로 걸어 보관하고, 하이볼 글라스처럼 스템이 없는 글라스는 깨끗한 리넨을 깐 선반에 거꾸로 세워 보관한다. 엎어서 보관하기 어려운 형태의 글라스는 전용 캡을 사용하여 보관한다.

또한, 글라스는 열이나 직사광선, 연기, 습기, 불쾌한 냄새가 나는 곳을 피하고, 육류 등 식자재 창고에 함께 보관하지 않는다. 특히, 차갑게 준비되어야 하는 글라스는 미리 글라스 전용 냉동고 혹은 냉장고(쇼케이스 등 활용 가능)에 넣어둔다. 바에서는 보통 하이볼 글라스는 미리 차갑게 준비하는 것이 일반적이다.

하이볼 글라스

04. 하이볼 기구

칵테일을 만드는 데 사용되는 대표적인 기구로는 셰이커Shaker, 지거Jigger, 바 스푼Bar Spoon, 믹싱 글라스Mixing Glass, 스트레이너Strainer, 머들러Muddler, 아이스 크러셔Ice Crusher, 블렌더Blender, 스퀴저Squeezer, 글라스 리머Glass Rimmers, 레몬 필러Lemon Peeler, 푸어러Pourer 등이 있다.

하지만 하이볼을 만들 때는 기본적으로 지거와 바 스푼만 있으면 되고, 간혹 레몬 등 과즙을 짤 때는 스퀴저, 껍질을 벗길 때는 필러를 사용한다. 그리고 필수는 아니지만, 푸어러가 있으면 술을 따르기 편하다.

- 지거(Jigger)는 일종의 계량컵으로, 양쪽에 크기가 다른 두 개의 컵이 붙은 형태다. 일반적으로 작은 쪽은 1oz(약 30ml), 큰 쪽은 1½oz(약 45ml)가 표준이다.
- 바 스푼(Bar Spoon)은 재료를 섞거나 소량의 재료를 계량할 때 사용한다. 한쪽은 스푼, 다른 한쪽은 포크 또는 원반(디스크) 형태로 되어 있으며, 가운데는 저을 때 편하도록 스크루 모양의 손잡이가 달려 있다. 스터링용으로는 길이 30cm 이상의 바 스푼을 사용하는 것이 좋다.
- 스퀴저(Squeezer)는 레몬이나 오렌지 등의 과즙을 짜는 도구로, 유리, 플라스틱, 스테인리스 스틸 등 다양한 재질이 있다.
- 레몬 필러(Lemon Peeler)는 레몬이나 오렌지의 껍질을 벗기는 도구로, 칵테일의 향과 장식을 위해 사용된다.
- 푸어러(Pourer)는 병 입구에 꽂아 사용하는 기구로, 술을 보다 정확하고 깔끔하게 따를 수 있도록 도와준다.

바 스푼, 지거

칵테일 기구

05. 하이볼의 주재료(Base)

하이볼의 주재료 베이스^{Base}로는 위스키와 브랜디를 비롯해, 진, 럼, 보드카, 테킬라 등 알코올 도수가 높은 6대 증류주와 리큐어가 주로 사용이 된다. 와인의 경우에도 셰리^{Sherry}나 포트^{Port} 등 도수가 높은 주정 강화 와인$^{Fortified Wine}$은 종종 사용된다. 한편, 우리나라 전통주(증류식 소주 등)를 활용한 하이볼도 꾸준히 개발되고 있다.

다양한 한국 술

위스키^{Whisky}는 보리, 밀, 호밀, 옥수수, 귀리 등 곡물을 당화, 발효, 증류, 숙성해 만든 술로서, 어원은 켈트^{Celt}어의 Uisge-Beatha로 '생명의 물'이란 의미이다. 12세기경 아일랜드에서 처음으로 제조되기 시작했으며, 15세기경 스코틀랜드로 전파되어 오늘날의 스카치위스키를 만들었는데, 초기의 위스키는 무색·투명하였으나 피트Peat와 셰리 와인 통을 사용한 후부터 위스키 특유의 향과 호박색을 가진 부드러운 술이 되었다.

위스키는 원료에 따라 몰트위스키Malt Whisky, 맥아를 원료로 만든 위스키, 그레인 위스키Grain Whisky, 곡물을 원료로 만든 위스키, 블렌디드 위스키Blended Whisky, 몰트와 그레인을 혼합하여 만든 위스키로 구분하며, 산지에 따라 아이리시 위스키Irish Whisky, 스카치위스키Scotch Whisky, 아메리칸 위스키American Whisky, 캐나디안 위스키Canadian Whisky로 구분하는데, 이를 세계 4대 산 위스키라고 부른다. 최근에는 재패니즈 위스키Japanese Whisky를 포함해서 세계 5대 산 위스키라고도 한다.

아이리시 위스키Irish Whisky의 유명상표로는 제임슨Jameson, 부쉬밀Bushmills 등이 있고, 스카치위스키Scotch Whisky의 유명상표로는 조니 워커Johnnie Walker, 시바스 리갈Chivas Regal, 로얄살루트Royal Salute, 발렌타인Ballantine's, 제이앤비J&B 등이 있으며, 아메리칸 위스키American Whisky의 유명상표로는 버번위스키Bourbon Whiskey인 메이커스 마크Maker's Mark, 버팔로 트레이스Buffalo Trace, 아이 더블유 하퍼I.W.Harper, 올드 그랜드 대드Old Grand Dad, 올드 크로우Old Crow, 와일드 터키Wild Turkey, 짐빔Jim Beam과 테네시 위스키Tennessee Whisky인 잭 다니엘스Jack Daniel's 등이 있고, 캐나디안 위스키Canadian Whisky의 유명상표로는 크라운 로얄Crown Royal, 캐나디안 클럽Canadian Club, 블랙 벨벳Black Velvet, 씨그램즈 V.O.Seagram's V.O.등이 있다.

최근에는 100% 보리를 원료로 만드는 위스키인 몰트위스키 중에서도 하나의 증류소에서 나온 원액만 섞은 싱글 몰트위스키Single Malt Whisky가 우리나라에서도 유행인데 글렌고인Glengoyne, 글렌드로낙Glendronach, 글렌모렌지Glenmorangie, 글렌파클라스Glenfarclas, 글렌피딕Glenfiddich, 달모어Dalmore, 더 글렌리벳The Glenlivet, 라가불린Lagavulin, 라프로익Laphroaig, 맥캘란Macallan, 발베니Balvenie, 보모어Bowmore, 부나하벤Bunnahabhain, 스프링뱅크Springbank, 싱글톤Singleton, 아드벡Ardbeg, 아란Arran, 오반Oban, 오켄토션Auchentoshan, 쿨일라Caol Ila, 크래겐모어Cragganmore, 킬호만Kilchoman, 탈리스커Talisker, 하이랜드 파크Highland Park 등이 유명하다.

다양한 위스키

브랜디Brandy의 어원은 프랑스에서 뱅 브륄레Vin Brule라고 불리던 술을 네덜란드 어인 브란데 웨인Brandewijn, Burnt Wine이라고 불리다가 마침내 영국에서 브랜디Brandy 라고 불리게 되었다. 브랜디는 넓은 의미로는 과실을 발효, 증류한 술을 말하는데, 흔히 포도를 발효, 증류시켜서 만든다. 보통 포도 이외의 다른 과실을 원료로 할 때는 브랜디 앞에 그 과실의 이름을 붙여 Apple Brandy, Cherry Brandy 등으로 부른다. 브랜디의 등급 표시는 제조회사에 따라 차이가 있는데 보통 V.S, V.S.O.P, X.O, EXTRA 등으로 표기한다. 브랜디 중에서 프랑스의 코냑 지방에서 생산되는 브랜디만을 코냑Cognac이라고 부르는데, 세계 5대 코냑으로는 마르텔Martell, 헤네시Hennessy, 쿠브와지에Courvoisier, 레미 마르탱Remy Martin, 카뮤Camus 가 있다. 즉, 모든 코냑은 브랜디지만 모든 브랜디가 코냑은 아니다. 아르마냑Armagnac은 보르도의 남쪽 아르마냑 지역에서 AOC 법에 준하여 생산되는 브랜디인데, 샤보Chabot, 마리약Malliac, 자노Janneau, 마르키 드 비브Marquis de Vibrac 등이 유명하다. 이외 프랑스 노르망디 지방에서 생산되는 사과 브랜디인 칼바도스Calvados, 이탈리아의 브랜디로 와인을 만들고 난 포도의 찌꺼기로 만드는 그라파Grappa 등이 유명하다.

헤네시

진^{Gin}은 네덜란드 라이덴^{Leiden} 대학의 의학교수 프란시스쿠스 실비우스^{Franciscus Sylvius, 1614~1672}에 의해 처음 개발된 것으로 알려져 있다. 원래는 쥐니에브르^{Geniever}라는 이름이며, 약용으로 쓰였다. 이것이 널리 퍼지면서 네덜란드 선원들에 의해 제네바^{Geneva}로 불리게 되었고, 17세기 말 명예혁명을 거쳐 영국에 전파되어 획기적인 발전을 하고 이름도 Gin으로 바뀌게 되었으며, 그 후 미국에 전파되어 칵테일용으로 널리 쓰이게 되었다. "진은 네덜란드인이 만들고, 영국인이 꽃을 피웠으며, 미국인이 영광을 주었다."라는 말이 있을 정도로 다양한 문화권에서 진화해 왔다.

진은 이뇨 효과가 있는 주니퍼 베리^{Juniper Berry}, 코리앤더^{Coriander}, 안젤리카^{Angelica} 등을 침출시켜 증류한다. 진의 일반적인 제조법을 보면 먼저 원료인 곡물(대맥, 옥수수, 호밀 등)을 혼합하여 당화, 발효시킨 뒤 먼저 연속식 증류기로 증류하여 알코올 90~95%의 주정을 얻는다. 이 주정에 주니퍼 베리, 코리앤더, 안젤리카, 레몬 껍질 등의 향료 식물을 넣어 단식 증류기로 다시 증류한다. 마지막으로 증류수를 혼합해서 알코올을 37~47.5%가량 낮추어 제품화한다. 반면 네덜란드 진은 보통 단식 증류기로만 2~3회 증류하여 단기간 저장 후 증류수를 혼합해서 알코올을

45%가량 낮추어 제품화한다. 진의 유명상표로는 비피터Beefeater, 고든스Gordon's, 텐커레이Tanqueray, 텐커레이 넘버 텐Tanqueray No. 10, 봄베이 사파이어Bombay Sapphire, 헨드릭스Hendrick's Gin, 길비스Gilbey's, 보타니스트Botanist 등이 있다.

다양한 진

럼Rum은 서인도제도가 원산지로 17세기 바베이도스섬의 사탕 제당 공정에서 생기는 폐액에서 만들어진 것이 시작이며, 이후 18세기가 되어 카리브해Caribbean Sea 주변의 해적들에 의해 점점 보급되었고, 삼각무역을 통해 럼 산업이 성장하였다. 럼의 주된 원료는 당밀Molasses 또는 사탕수수Sugar Cane이다. 럼이라는 이름은 사탕수수의 라틴어인 사카룸Saccharum의 어미인 'rum'으로부터 생겨났다는 것이 가장 유력한 설이다.

럼은 당밀이나 사탕수수를 발효시켜 연속식 증류기(라이트 럼) 혹은 단식 증류기(헤비 럼)로 증류하게 되는데 헤비 럼의 경우 10년 이상 숙성하기도 한다. 럼은 보통 다음 세 가지 스타일로 분류된다.

- 헤비 럼(Heavy Rum, Dark Rum)
- 미디엄 럼(Medium Rum, Gold Rum)
- 라이트 럼(Light Rum, White Rum)

유명한 상표로 쿠바의 하바나 클럽Havana Club, 자메이카의 마이어스Myers's, 푸에르토리코의 바카디Bacardi, 캡틴 모건Captain Morgan, 베네수엘라의 팜페로Pampero, 과테말라의 자카파Zacapa 등이 있다.

다양한 럼

보드카Vodka는 러시아, 폴란드를 비롯한 슬라브 민족에게 국민주라고 할 수 있을 정도로 귀족이나 노동자 할 것 없이 누구나 즐겨 마시던 술이다. 보드카라는 이름은 12세기경 러시아 문헌에 등장하는 '생명의 물'이라는 표현에서 유래한 것으로 알려져 있다. 15세기경에는 'Voda(물)'라는 이름으로 불렸으며, 1533년 문헌에 보드카Vodka란 단어가 처음 등장을 해서, 18세기경부터 보드카라는 이름으로 정착되었다.

보드카의 원료는 감자, 고구마, 보리, 밀, 호밀, 옥수수 등이다. 제조 과정은 먼저 원료에 맥아를 가해서 당화, 발효시켜 연속식 증류기로 95%가량의 주정을 얻은 다음, 이 주정을 자작나무 활성탄이 들어 있는 여과조를 20~30번 반복해서 여과하고, 마지막으로 모래를 여러 번 통과시켜 목탄의 냄새마저 제거한 후 증류수를 혼합해서 알코올을 40~50%가량 낮추어 병입한다.

보드카는 위의 제조법으로 인해 특히 무색Colorless, 무미Tasteless, 무취Odorless의 술로 널리 알려져 있으며, 유명한 상표로 러시아의 스톨리치나야Stolichnaya, 모스코프스카야Moskovskaya, 미국의 스미노프Smirnoff, 스카이SKYY, 사모바Samovar, 모나크Monarch, 네덜란드의 볼스Bols, 케틀 원Ketel One, 복스Vox, 핑크Pink, 핀란드의 핀란디아Finlandia, 폴란드의 벨베디어Belvedere, 스웨덴의 앱솔루트Absolute, 레벨Level, 프랑스의 그레이 구스Grey Goose, 시락Ciroc, 뉴질랜드의 42빌로우42 Below, 덴마크의 단즈카Danzka 등이 있다.

다양한 보드카

테킬라Tequila의 원산지는 북아메리카 남서단에 있는 멕시코Mexico이다. 멕시코의 토착민들은 백합목 용설란과의 여러해살이풀인 용설란Agave을 이용하여 발효주인 풀케Pulque를 만들어 마셨다. 16세기경 스페인으로부터 증류 기술이 도입되어, 풀케를 증류한 메즈칼Mezcal을 만들게 되었다. 테킬라는 '블루 웨버 아가베Blue Weber Agave'를 원료로, 멕시코 할리스코주 테킬라Tequila 마을과 그 인근 지역에서 생산된 제품만을 일컫는다. '테킬라'라는 이름도 이 마을에서 유래했다. 테킬라는 1968년 멕시코 올림픽을 계기로, 세계적으로 알려지게 되었는데, 테킬라를 마실 때 라임과 소금을 함께 먹는 것은, 열대지방인 멕시코에서 부족한 비타민과 염분을 보충하기 위한 것이다.

테킬라는 숙성하지 않은 블랑코Blanco, 오크통에서 2개월 이상 숙성한 레포사도Reposado, 오크통에서 1년 이상 숙성한 아네호Anejo 등으로 구분한다. 유명한 상표로 호세 쿠엘보Jose Cuervo, 사우자Sauza, 페페 로페즈Pepe Lopez, 투 핑거스Two Fingers, 마리아치Mariachi, 페이트런Patron, 올메카Olmeca, 돈 훌리오Don Julio 등이 있다.

테킬라

06. 하이볼의 부재료

06-1. 기본 믹서(Mixer)

하이볼을 만들 때 사용하는 가장 기본이 되는 부재료는 탄산음료이다. 자주 사용하는 탄산음료로는 소다워터, 토닉워터, 진저에일, 콜라, 스프라이트 등이 있다. 최근 하이볼의 유행으로 탄산수, 토닉워터, 진저에일 등의 탄산음료 판매가 늘면서 종류도 다양해지고 있으며, 거주지 인근 마트나 편의점에도 판매할 정도로 구매도 쉬워지고 있다. 브랜드에 따라 탄산의 강도나 당도 등이 달라 자신의 취향에 맞는 제품을 선택하는 것이 좋다.

기본 믹서

06-2. 시럽(Syrup)

시럽Syrup은 하이볼에 단맛과 향을 더해주는 주요 부재료 중 하나다.

물과 설탕으로 만드는 심플 시럽을 기본으로 구아바 시럽, 그레나딘 시럽, 라즈베리 시럽, 로즈 시럽, 망고 시럽, 민트 시럽, 블루 큐라소 시럽, 스트로베리 시럽, 애플 시럽, 얼그레이 시럽, 엘더플라워 시럽, 진저&레몬 시럽, 패션프루트 시럽,

피치 시럽, 헤이즐넛 시럽, 히비스커스 시럽 등 다양한 시럽을 사용한다.

이 중 얼그레이 시럽은 2022년 방송인 박나래가 MBC 〈나 혼자 산다〉에서 '나래 미식회'의 웰컴 드링크로 선보인 '얼그레이 하이볼'에 사용되며 화제가 되었다.

최근에는 매장 고유의 시그니처 칵테일을 만들기 위해 시럽을 직접 만들어서 쓰는 곳이 늘고 있다. 시럽은 칵테일에 단맛을 부여하는 것은 물론, 신맛과 쓴맛을 잡아주는 역할을 하며, 때로는 다양한 색깔을 만들어준다.

만약 단맛, 색깔과 함께 알코올도 넣고 싶다면, 시럽 대신 리큐어를 사용한다. 대표적인 시럽 브랜드로는 1883, 다빈치Davinci, 마리 브리자드Marie Brizard, 모닌Monin, 베드렌Vedrenne, 샷Shott, 토라니Torani, 포모나Pomona 등이 있다.

다양한 시럽

06-3. 청

특히 K-술 하이볼과 잘 어울리는 부재료로 청이 있다. 필자는 한국술로 하이볼을 만들 때 다양한 청을 많이 쓰는데, 딸기청, 레몬청, 생강청, 유자청, 오미자청, 자몽 청 등을 주로 사용한다.

청은 건더기가 있어 사용이 불편할 수 있지만, 시각적으로 아름다운 그러데이션Gradation을 만들 수 있는 장점이 있다. 빌딩Building으로 하이볼Highball을 만들 때 글라스에 얼음을 넣기 전에 청과 술을 먼저 넣어서 섞어준 후에 글라스에 얼음을 채우고 마지막으로 탄산음료를 넣어서 가볍게 저어준다.

청을 사용할 경우, 글라스에 입을 대고 마실 때와 빨대로 마실 때의 맛이 다르게 느껴지는 색다른 점도 있다.

다양한 청

06-4. 비터(Bitters)

쓴 술을 뜻하는 비터도 하이볼의 부재료로 자주 활용된다. 비터는 고대 그리스 히포크라테스의 시대부터 사용되었다고 한다. 로마 시대에도 쓴맛 나는 음료가 있었고, 특히 이탈리아는 전 세계에서 비터를 가장 많이 즐기는 나라 중 하나이다. 비터는 소화제, 해열제, 위장약 등으로 개발되었으며, 약뿐만 아니라 향신료도 많이 사용된다. 하이볼에는 신맛과 단맛이 많이 포함되어, 쓴맛의 비터를 사용하여 맛의 밸런스를 잡고, 복합성과 풍미를 강화하기 위해 사용한다.

비터는 쓴맛이 나는 뿌리, 껍질, 잎, 기타 식물을 사용해서 만드는데, 향미와 약효 성분을 제공하는 것이 주목적이다. 쓴맛은 안젤리카 뿌리, 아티초크잎, 매자나무 뿌리, 흑 호두나무잎, 우엉 뿌리, 창포 뿌리, 키나 나무껍질, 감귤류 껍질, 민들레 뿌리와 잎, 악마의 발톱, 용담 뿌리, 쓴 박하, 감초 뿌리, 쑥, 흰 붓꽃 뿌리 등을 사용하고, 향미는 각종 허브, 스파이스, 꽃, 열매, 견과류, 콩 등을 사용한다.

하이볼에 자주 사용하는 비터로 아페롤Aperol, 앙고스투라 비터Angostura Bitters, 예거마이스터Jägermeister, 오렌지 비터Orange Bitters, 언더버그Underberg, 초콜릿 비터Chocolate Bitters, 캄파리Campari, 페르넷 브랑카Fernet-Branca, 페이쇼드 비터Peychaud Bitters 등이 있다.

앙고스투라 비터

페이쇼드 비터

06-5. 차(Tea)

최근 하이볼에 차^{Tea}를 활용하는 사례가 많아졌다. 예전 중국이나 일본에서는 위스키에 녹차나 홍차를 섞어 마시는 경우가 많았다. 차는 발효 정도에 따라 불발효차(녹차), 약발효차(백차), 경발효차(황차), 반발효차(청차), 완전발효차(홍차), 후발효차(흑차) 등으로 구분된다.

하이볼에 많이 사용되는 차로는 국화차, 녹차, 메밀차, 오미자차, 홍차, 라벤더, 레몬밤, 루이보스, 카모마일, 페퍼민트, 히비스커스 등이 있다.

보통 차를 우려서 식힌 후 하이볼 재료로 활용하며, 찻잎을 쓸 수도 있고, 간편하게 티백을 이용하기도 한다.

홍차

06-6. 혼성주(Liqueur)

혼성주는 하이볼의 주재료가 되기도 하고, 부재료가 되기도 한다. 혼성주리큐어, Liqueur는 양조주나 증류주에 초근목피 등 색, 향, 맛을 내는 재료와 당분을 더한 술로, 중세 연금술사들이 금을 만들기 위해 증류하는 과정에서 우연히 탄생했다.

혼성주는 화려한 색채를 지녀 액체의 보석이라고 불리며, 당분을 함유하고 있어 주로 식후주로 마시는 음료로, 코디알Cordial이라고도 부른다. 초기에는 약용 목적으로 다양한 약초를 사용했고, 19세기 연속식 증류기의 개발 이후 주정을 원료로 한 다양한 혼성주들이 생산되었으며, 이에 따라 칵테일의 색, 향, 맛이 다양해졌다.

혼성주는 증류법, 에센스법, 침출법, 여과법 등의 방법을 사용하여 만들어진다.

- **아니세트(Anisette)**: 증류주에 아니스 열매, 레몬 껍질, 코리앤더 등의 향미를 첨가하고 시럽으로 단맛을 낸 혼성주.
- **베네딕틴(Benedictine)**: 1510년경 프랑스에서 만들어진 리큐어로, 안젤리카, 박하, 주니퍼 베리, 시나몬, 너트메그, 바닐라, 레몬 껍질, 벌꿀 등 약 27종의 약초를 사용하여 만든다. 병에 적힌 D.O.M은 라틴어 Deo Optimo Maximo로 '가장 선하고 가장 위대한 신에게'라는 뜻이다.
- **캄파리(Campari)**: 각종 식물의 뿌리, 씨, 향초, 껍질 등 70여 가지 재료로 만들어지는 붉은색의 이탈리아 리큐어.
- **샤르트뢰즈(Chartreuse)**: 프랑스어로 '수도사'란 뜻으로, '리큐어의 여왕'이라 불리는 혼성주.
- **치나(Cynar)**: 와인에 아티초크를 배합한 이탈리아 리큐어.
- **갈리아노(Galliano)**: 오렌지, 아니스, 바닐라 등 약초 40여 종으로 만들어진 황금빛의 이탈리아 리큐어.
- **예거마이스터(Jägermeister)**: 1878년에 만들어진 독일산 허브 리큐어로, 56가지 재료를 사용.
- **삼부카(Sambuca)**: 이탈리아에서 생산되는 아니세트 계열의 리큐어.

- 큐라소(Curacao): 베네수엘라 북방 20km 떨어진 큐라소섬의 오렌지를 원료로 만든 리큐어.
- 쿠앵트로(Cointreau), 그랑 마니에(Grand Marnier), 트리플 섹(Triple Sec): 모두 오렌지 껍질로 만든 리큐어.
- 칼루아(Kahlua): 멕시코산 커피 리큐어로, 커피, 코코아, 바닐라 향을 함유.
- 아마레토(Amaretto): 이탈리아산 리큐어로, 살구씨 또는 아몬드 향과 시럽을 더해 만든다.
- 드람부이(Drambuie): 스코틀랜드산 리큐어로, 스카치위스키에 꿀과 허브 등을 첨가하여 '사람을 만족시키는 음료'란 뜻을 지닌다.
- 아이리시 미스트(Irish Mist): 아이리시 위스키에 꿀과 허브 등을 섞어 만든 아일랜드산 리큐어.
- 아드보카트(Advocaat): 네덜란드산 에그 리큐어로, 브랜디에 계란 노른자, 설탕, 바닐라 향을 첨가해 만든다.

다양한 리큐어

03
하이볼 만들기 비법 대공개

01. 집에서 만든 하이볼이 맛이 없는 이유는 바로 '얼음' 때문

"왜 집에서 만든 하이볼은 바에서 마셨던 그 맛이 안 날까요?"

자주 접하는 질문이다. 바텐더와 똑같은 재료를 썼는데 바에서 마셨던 맛과 다른 이유 중 하나는 바로 얼음 때문이다. 대부분 가정에서 하이볼을 만들 때 무심코 정수기 얼음을 사용하는 경우가 많다. 결론적으로, 정수기 얼음은 크기가 작고 단단하지 않아서 금방 녹아버리기 때문에 하이볼을 만들 때는 최악의 얼음이다. 하이볼에 있어 얼음은 아주 중요하다. 얼음은 칵테일의 재료 중 하나라고 해도 과언이 아니고, 어떤 얼음을 쓰느냐에 따라 하이볼의 맛이 완전히 달라진다.

기본적으로 얼음은 크고 단단하며, 투명한 얼음이 좋다. 같은 크기의 글라스에 얼음을 넣을 때, 얼음의 크기가 작아질수록 넣는 수량이 많아지고, 수량이 많아지면 공기와 닿는 단면적이 넓어지기 때문에 같은 시간이 흘렀을 때, 물이 더 많아진다. 또, 냉동실에 꽝꽝 얼린 얼음과 제빙기 얼음은 단단함이 다르다. 물론 제빙기의 성능도 다르지만, 일반적인 제빙기의 얼음은 금방 녹아서 물이 많이 생기기 때문에 적합하지 않다. 요즘은 여러 업체에서 다양한 형태와 크기의 얼음을 생산해 배송하기 때문에 예전처럼 바텐더가 직접 얼음을 깎지 않아도 편하게, 품질이 좋은 얼음을 사용할 수 있다.

얼음은 그 형태에 따라 다음과 같이 나뉜다.

- 쉐이브드 아이스 (Shaved Ice): 팥빙수 얼음처럼 곱게 갈아서 나오는 얼음이다.
- 크러시드 아이스 (Crushed Ice): 알갱이 얼음으로 블렌딩 기법에서 사용한다.
- 큐브드 아이스 (Cubed Ice): 칵테일을 만들 때 가장 많이 사용하는 각얼음으로, 일반적으로 제빙기에서 나오는 얼음이다.
- 크랙트 아이스 (Cracked Ice): 큰 얼음덩어리를 아이스 픽으로 깨서 만든다.
- 럼프 오브 아이스 (Lump of Ice): 덩어리 얼음을 의미하며 크랙트 아이스보다 조금 크다.
- 블록 오브 아이스 (Block of Ice): 통얼음을 의미하며 파티 때 펀치 등에 넣어 사용한다.

가정에서는 마트나 편의점에서 파는 칵테일용 얼음을 사서 쓰는 것이 가장 편하다. 그리고 요즘은 쥬얼아이스와 같은 커스텀 아이스 브랜드들이 있어서 다양한 모양의 얼음을 직접 만들어서 사용할 수 있다.

쥬얼아이스

02. 하이볼의 화룡점정인 가니시(Garnish)는 단순한 장식이 아닙니다.

일반적으로 하이볼의 장식은 데커레이션Decoration이라고 하지 않고 가니시Garnish라고 한다. 원래 가니시란 완성된 음식의 모양이나 색을 좋게 하고 식욕을 돋우기 위해 음식 위에 곁들이는 장식을 말하는데, 하이볼의 가니시는 단순한 장식의 의미를 넘어 때로는 안주, 때로는 재료의 역할도 한다.

글라스가 옷이라면 가니시는 액세서리라고 할 수 있다. 화룡점정畵龍點睛이란 말이 있듯, 한 잔의 하이볼은 가니시로 완성되며, 더욱 빛이 난다. 하이볼의 가니시는 재료, 글라스 등과 잘 어울리도록 하며, 일반적으로 하이볼을 만드는 재료를 활용한다.

대표적인 가니시에는 레몬이나 오렌지 같은 과일 슬라이스Slice, 웨지Wedge, 필 트위스트Peel Twist 등이 있다. 때로 과일을 건조하여Dried Fruit 사용하기도 한다. 물론 가니시가 필수인 것은 아니다.

장식의 역할은 크게 4가지로 구분할 수 있다.

① 말 그대로 데커레이션(Decoration)의 역할을 한다. 한 잔의 하이볼에 더욱 멋을 더한다.
② 재료의 역할을 한다. 보통 웨지의 경우 짜서 넣거나 담가 사용하는데, 이런 경우에는 재료 + 데커레이션의 역할을 한다.
③ 안주의 역할을 한다. 마티니의 올리브처럼 먹을 수 있게 제공되는 가니시는 훌륭한 안주가 될 수 있다.
④ 유사한 다른 칵테일과 구별하는 역할을 한다. 그렇다면 가니시는 원래 어느 쪽에 위치하는 것이 옳을까? 오른쪽? 왼쪽? 아무 쪽이나? 결론부터 말하자면, 일반적으로 손님이 오른손잡이라면 만드는 사람을 기준으로 오른쪽에 위치하는 것이 맞다. 그래야 손님이 왼쪽으로 받게 되고, 자연스럽게 오른손으로 글라스를 잡고 왼손으로 가니시를 잡을 수 있다.

물론 손님이 왼손잡이인 것을 알고 있다면 왼쪽에 두는 것이 맞다.

가니시 하나도 상대방(손님)을 생각하는 마음. 그것이 서비스의 기본이자 출발점이다.

다양한 가니시

03. 항공 서비스학과 학생들에게 하이볼의 장점을 물었더니

하이볼이 인기인 이유가 뭘까? 필자가 대학교 항공 서비스학과에서 강연할 때, 학생들에게 질문해보니 다음과 같은 대답이 나왔다.

① 하이볼은 만들기 쉽고, 마시기 쉽다. 어렵지 않다는 점이 중요하다. 그리고 소다워터, 토닉워터, 진저에일 등 믹서로 희석하기 때문에 알코올 도수가 낮아져 훨씬 마시기 편해진다.

② 필요한 기구가 많지 않고, 재료를 구하기 쉽다. 하이볼을 만들기 위해서는 계량컵인 '지거'와 저을 때 쓰는 기구인 '바 스푼'만 있으면 된다. 심지어는 지거가 없으면 집에 있는 샷 글라스 혹은 소주잔을 써도 되고, 바 스푼이 없으면 젓가락으로 저어도 된다. 하이볼에 사용되는 재료도 대부분 마트나 편의점에서 쉽게 구매할 수 있다.

③ 맥주 등에 비해 배가 덜 부르다. 일반적인 위스키 하이볼의 경우 1:3으로 섞었을 때 알코올 도수가 10도 내외(위스키의 도수에 따라 달라짐)이기 때문에, 맥주 도수의 2~3배 정도가 된다. 도수가 높아 마시는 양이 적어지고, 그만큼 배도 덜 부르게 된다.

④ 맛있다. 물론 맛은 상대적이다. 다만 하이볼은 즉석요리와 같아서 입맛에 맞출 수 있다. 주재료(술)와 부재료(믹서)의 비율 조정은 물론이고, 믹서의 종류에 따라 때로는 드라이하게(소다워터), 때로는 스위트하게(토닉워터, 진저에일 등) 만들 수 있다. 특히 한국에서는 젊은 층이 하이볼을 선호하는 경향이 있는데, 강연을 진행해 보면 단맛이 없는 소다워터보다 단맛이 있는 토닉워터나 진저에일을 넣은 하이볼이 훨씬 인기가 많은 편이다. 우리나라는 맵고 짠 음식이 많아서 단맛의 술이 잘 어울리는 경우가 많다.

04. 하이볼 맛을 좌우하는 8가지 비밀

하이볼은 만들기 간단하다. 하지만 더 맛있게 만들기 위해 중요한 요소들이 있다. 하이볼 맛을 좌우하는 변수들을 하나씩 살펴본다.

① 글라스의 상태가 중요하다. 당연히 깨끗해야 하고, 차갑게 준비하면 더욱 좋다. 입에 닿는 감촉 때문이기도 하고, 탄산을 더 잘 살리기 위함이다. 시원한 생맥주잔을 생각해 보면 된다. 바에서는 보통 냉장고 등을 이용해서 글라스를 미리 차갑게 준비한다. 단, 냄새가 나는 음식과 함께 글라스를 넣어두지 않도록 한다.

② 얼음이 중요하다. 보통 집에서 하이볼을 만들 때 무심코 정수기 얼음을 쓰는 경우가 많은데, 하이볼 얼음으로서는 최악이다. 금방 녹아서 물이 되기 때문이다. 가정에서 만들 때는 마트나 편의점에서 파는 칵테일용 얼음을 사서 냉동실에 넣어두고 사용하면 된다. 얼음은 크고 단단하고 투명해야 한다. 얼음만 바꿔도 하이볼 맛이 달라짐을 느낄 수 있을 것이다. 만약 위스키의 풍미(Flavor)와 단맛(Sweetness)을 더 살리고 싶으면 얼음 없이 만들면 된다.

③ 좋은(적합한) 재료가 필요하다. 당연히 주재료가 맛있을수록 하이볼도 맛있어진다. 그리고 부재료는 주재료와 잘 어울려야 한다. 단맛이 싫고, 주재료의 향과 맛을 그대로 살리고 싶다면 소다워터를 쓰고, 단맛이 있는 하이볼이 좋은 경우 토닉워터나 진저에일을 쓰게 되는데, 하이볼마다 토닉워터가 더 잘 어울리거나 진저에일이 더 잘 어울리는 경우가 각각 다르다.

④ 재료 넣는 순서가 중요하다. 글라스에 바로 만드는 기법을 빌딩(Building)이라고 하는데, 하이볼과 같은 빌딩 기법의 경우 재료를 넣는 순서에 따라 맛이 달라진다. 일반적으로 비

중이 가벼운 재료를 먼저 넣는다. 비중은 알코올의 함량 즉 도수와 당분의 함량 즉 당도가 작용한다. 알코올은 물보다 가벼워서 같은 조건일 때 도수가 높은 술이 가볍고, 알코올 도수가 같은 경우 당도가 낮은 술이 가볍다. 도수가 높고 드라이한(달지 않은) 술이 가볍다고 생각하면 된다. 일반적으로 술과 믹서만 섞을 시 주재료인 술을 먼저 넣고, 부재료인 믹서를 넣어야 잘 섞인다. 그리고 부재료가 탄산음료인 경우가 많으므로 탄산을 살리기 위해서 나중에 넣는다. 만약 이 순서를 반대로 하면 재료 위에 재료가 쌓이게 된다. 이렇게 만드는 기법을 플로팅(Floating)이라고 하는데, 대표적으로 B-52, 푸스 카페 등이 있다.

⑤ 재료 넣는 방법도 중요하다. 탄산음료의 경우 재료를 넣을 때도 맥주를 따를 때처럼 글라스를 기울여서 탄산음료가 글라스 벽면을 타고 흘러가도록 따르거나, 바 스푼을 이용해서 글라스 벽면으로 넣으면 탄산의 소실을 최대한 막을 수 있다.

⑥ 젓는 방법이나 횟수도 중요하다. 바텐더들이 글라스를 저을 때, 바 스푼의 등이 글라스 벽면을 타고 빙글빙글 도는 것을 볼 수 있다. 최대한 얼음을 녹이지 않으면서 섞어주는 것이다. 물론 바텐더처럼 잘 젓기 위해서는 연습이 필요하다. 저을 때 한쪽 손은 글라스 밑부분을 살짝 잡아주면 된다. 글라스가 움직이지 않아야 젓기 편하고, 손가락 끝으로 온도를 체크할 수 있는 것이다. 청결을 위해 윗부분이 아니라 밑부분을 잡아준다. 젓는 횟수는 상황에 따라 다르다. 유튜브를 보고 몇 번을 저어야 한다고 말하는 사람들이 있는데, 정답은 없다. 재료의 비율이나 온도, 그리고 마시는 사람의 취향에 따라 젓는 횟수는 달라지기 때문이다. 다만 너무 오래 저으면 묽어져서 밍밍해지므로 젓는 횟수를 달리하면서 내 입에 가장 맞는 횟수를 찾아보자. 특히 하이볼에서는 부재료로 탄산음료를 쓰기 때문에 가급적 많이 젓지 않도록 한다. 바텐더들이 만드는 것을 보면 아예 젓지 않고, 바 스푼으로 얼음을 살짝 들었다 놓는 것을 볼 수 있다. 탄산을 최대한 살리기 위해서이다.

⑦ 가니시도 맛에 영향을 준다. 가니시는 모양에 따라 역할이 다른데, 슬라이스(Slice)는 데커레이션(Decoration)의 개념이 강하고, 웨지(Wedge)는 짜고 담기 때문에 재료+데커레이션의 개념이다. 보통 바(Bar)에서는 웨지를 글라스 림(Rim)에 살짝 바르고 짜고 담근다. 짤 때는 먹는 사람의 취향을 고려해서 적당한 양을 짜면 된다. 레몬이나 오렌지 필 트위스트의 경우 껍질에 있는 오일을 뿌려주는 것이다. 가니시는 향과 맛에만 영향을 줄 뿐만 아니라 글라스에 담그거나 꽂으면 시각적인 효과도 있다. 과학적으로 맛은 입이 30%, 나머지 70%는 뇌(시각, 후각, 분위기 등)가 본다고 한다.

⑧ 분위기도 중요하다. 결국 분위기를 좌우하는 것은 같이 마시는 사람이다. 장소도 중요하다. 인테리어가 멋지거나, 야외 경치가 좋은 장소라면 더욱 좋다. 내가 좋아하는(혹은 편한) 사람과 멋진 전망을 바라보며 마시는 한 잔의 하이볼은 생각만 해도 즐겁다. 이상 8가지 내용을 하나씩 신경을 쓰면 내 하이볼이 더욱 맛있어질 것이다.

05. 하이볼의 황금 비율이 있다는데

강연하다 보면 하이볼의 황금 비율에 대한 질문들이 많다. 주재료와 부재료의 이상적인 비율은 무엇일까?

정답은 마시는 사람에게 있다. 소맥을 생각해 보자. 사람마다 선호하는 비율이 다르다. 그렇지만 기본 비율은 있다. 알코올 도수가 40도 이상인 위스키의 경우 주재료(알코올)와 부재료(믹서)의 기본 비율은 일반적으로 1:3이다. 1:3으로 섞었을 때 알코올 도수가 10도 내외가 된다. 일단 1:3으로 섞어서 마셔본 후에 좀 더 강한 하이볼을 원하면 1:2쪽으로 가면 되고, 좀 더 약한 하이볼을 원하면 1:4쪽으로 가면 된다. 사람마다 입맛이 다르기에 조금씩 비율을 조정하면서 내 입에 맞는 황금 비율을 찾아보자. 그리고 같은 사람이라도 상황이나 기분에 따라 선호하는 비율이 바뀔 수도 있다. 배가 고플 때와 배가 부를 때, 기분이 좋을 때와 기분이 나쁠 때 선호하는 하이볼의 비율이 달라질 수 있는 것이다.

06. 하이볼의 알코올 도수는 몇 도일까요?

하이볼의 알코올 도수를 묻는데, 사용하는 재료의 알코올 도수, 주재료와 부재료의 비율, 얼음의 종류와 상태, 젓는 횟수 등에 따라 알코올 도수가 달라진다. 알코올 도수를 계산하는 공식은 아래와 같다.

{(재료의 알코올 도수) × (재료의 양) + (재료의 알코올 도수) × (재료의 양)} ÷ 재료의 총량

예를 들어 40도짜리 위스키와 소다워터를 1:3으로 섞었을 경우 알코올 도수는 10도가 되는데, 변수가 있다. 저으면서 얼음이 녹는 양을 고려해야 하는 것이다. 얼음이 녹는 양은 10% 정도로 계산하면 된다. 따라서 최종 알코올 도수는 9도가 된다. 만약 60도짜리 캐스크 스트렝스를 쓴다고 가정하면 얼음이 녹는 양 10%를 고려하면 최종 하이볼의 알코올 도수는 13.5도가 된다. 즉 하이볼은 맥주 도수의 2~3배 정도가 되는 것이다.

07. 글라스 밑에 코스터(Coaster)를 받치는 이유

코스터의 역할은 크게 4가지로 볼 수 있다.
① 글라스의 밑부분이 상하지 않게 쿠션 역할을 한다. 술을 마시다 보면 글라스를 테이블이나 바 위에 탕탕 내려놓게 되는 일이 생긴다. 밑이 단단한 글라스는 괜찮지만, 그렇지 않을 경우 자칫 깨질 위험이 있다. 즉, 코스터는 이러한 충격을 흡수해 깨지는 것을 방지하고 글라스를 보호하는 것이다.
② 글라스가 미끄러지는 것을 방지한다. 테이블의 균형이 맞지 않아 글라스가 미끄러지는 경우, 코스터는 글라스가 미끄러지는 것을 방지하며 고정한다.
③ 일반적으로 하이볼은 차갑게 제공되기 때문에 물방울이 글라스를 타고 테이블까지 흘러 고이기도 하고, 물방울 때문에 글라스가 미끄러지기도 하고, 마시려고 글라스를 들어 올릴

때도 방해가 된다. 코스터는 이러한 물방울을 흡수하는 역할도 한다. 그래서 원칙적으로 코스터는 종이 재질이 가장 좋다.

④ 매장 홍보의 역할을 한다. 코스터에는 보통 매장 이름, 전화번호, 주소와 같은 정보가 담기는 일이 많다. 그리고 고객들이 하이볼 사진을 찍어서 인스타그램 등 개인 SNS에 올리는 경우가 많으므로 훌륭한 홍보 수단이 되기도 한다.

코스터

08. 하이볼엔 어떤 안주를 먹나요?

우리나라 사람들은 술에는 반드시 안주가 있어야 한다고 생각한다. 하지만 서양에서는 칵테일이나 하이볼을 마실 때 안주가 딱히 정해져 있지 않다. 보통 바에서 하이볼을 시키면 간단한 견과류나 비스킷류를 제공한다. 그리고 때로는 하이볼과 함께 나오는 가니시가 좋은 안주가 될 수 있다. 껍질 등 먹을 수 없는 가니시도 있지만, 집어서 먹을 수 있게 준비되는 안주의 개념도 있다. 파티 때는 카나페Canape와 같은 핑거 푸드Finger Food를 준비하는 경우가 많다. 단, 모든 술이 그렇지만 지나치게 달콤한 안주는 피하는 것이 좋다. 물론 하이볼 자체가 달콤한 맛을 가졌다면 디저트와 함께 즐겨도 무방하다.

카나페

04
홈텐더의 비밀병기, 하이볼 즐기기

01. 올바른 재료 보관법을 알려드립니다.

하이볼에 사용하는 재료 중에 변질의 위험이 있는 것들이 있다. 모든 재료를 냉장고에 보관하는 사람들이 있는데 음식물을 냉장고에 넣어 놓는다고 해서 안전한 것만은 아니다. 그리고 냉장고에서 일정하게 낮은 온도로 보관하면 신선도를 유지하기도 하지만, 오히려 풍미가 사라지거나 더 일찍 상할 수도 있다.

하이볼에 사용되는 재료 중 증류주와 리큐어는 대부분 거의 상할 염려가 없기에 상온에 보관하면 된다. 물론 크림 리큐어인 베일리스처럼 유통기한이 있는 경우에는 장기간 사용 시 개봉 후 냉장 보관을 하는 것이 좋다.

시럽도 일반적으로 상온에 보관하는데, 시럽의 종류에 따라서 개봉 후에는 냉장 보관을 하는 것도 있으므로 라벨에 있는 보관 방법을 반드시 확인해야 한다.

주스는 개봉 후에는 반드시 냉장 보관해야 한다. 과일은 냉장 보관해야 하는 것과 그렇지 않은 것이 있으니 종류별로 보관 방법을 확인하는 것이 좋다.

초콜릿도 냉장 보관하지 않고, 서늘하고 어두운 곳에 보관해야 본연의 맛을 즐길 수 있다.

제품의 보관

02. '나혼산', '먹을텐데' 등 방송에 나온 하이볼

 2024년 4월 추성훈은 이소라의 유튜브 채널 '수퍼마켙 소라'에서 '글렌피딕 21년 그랑 레제르바Glenfiddich 21 Years Old Gran Reserva'와 '싱하 소다 워터Singha Soda Water'를 사용해서 '위스키 하이볼'을 만들어 이소라와 마시는 장면이 나온다. 추성훈은 2023년 4월 MBC 예능 프로그램 '전지적 참견 시점'에서도 '글렌피딕 18년'과 페리에 탄산수를 이용한 '추하이볼'을 만들어 배우 임시완과 마셨다.

 2023년 9월 가수 성시경의 유튜브 '먹을텐데'에서 신동엽이 '발렌타인 싱글 몰트 글렌버기 12년Ballantine's Glenburgie 12 Year Old'과 탄산수로 위스키 하이볼을 만들어 마시는 장면이 나온다. 2024년 10월 신동엽은 편의점 세븐일레븐과 함께 '블랙서클 하이볼'을 선보이기도 했다.

 2022년 4월 개그맨 박나래가 MBC 예능 프로그램 '나 혼자 산다'에서 '나래 미식회'의 웰컴 드링크로 일본 산토리 위스키 '가쿠빈Kakubin'과 '포모나 믹솔로지 얼그레이 시럽'을 사용한 '얼그레이 하이볼'을 선보였고, 티빙 오리지널 '서울체크인'에서도 이효리에게 아이리시 위스키 '제임슨Jameson'과 '포모나 믹솔로지 얼그레이 시럽'을 사용한 얼그레이 하이볼을 만들어주는 장면이 방송에 나와 주목을 받았다.

03. 기물·글라스·재료 구매처 정보

　주류(전통주는 인터넷 구매 가능)를 제외한 기물, 글라스, 재료는 인터넷 구매가 가능하다. 요즘은 스마트 오더를 통해 앱Application 등으로 주문 및 결제를 하고 집에서 가까운 편의점이나 식당 등에서 수령을 하는 시대가 되었다. 스마트 오더란 모바일 앱 등을 이용하여 주문한 상품을 매장에 방문하여 바로 픽업하는 서비스로 신분증을 확인하기 때문에 미성년자는 주류 구입이 불가하다. 코로나19의 영향으로 가정용 주류의 판매량이 늘었고, 특히 집에서 가까운 편의점을 이용하는 사람들도 눈에 띄게 늘었다.

　오프라인으로 기물, 글라스, 주류 구매 시 남대문 상가가 많이 이용된다. 백화점이나 대형마트에서도 많이 사용되는 주류를 일부 구매를 할 수는 있지만 품목이 제한적이고, 칵테일에 주로 사용되는 리큐어의 판매 종류는 여전히 많지 않다. 라임, 민트 등 과일이나 허브는 가락시장이나 인터넷을 이용하면 저렴하게 구매할 수 있다. 간혹 백화점이나 대형마트에서도 판매하는데, 지점에 따라 상황이 다르니 전화로 문의를 한 후에 방문하는 것이 좋다.

남대문 주류상가

04. 나만의 홈바 만들기

홈바

요즘 홈바를 만드는 사람들이 늘고 있다. 혼자 사는 학생이나 직장인의 경우 자취방을 홈바로 꾸미고, 방 하나 또는 주방을 홈바로 바꾸기도 한다. TV에도 개그맨 박나래의 '나래바' 등 홈바가 종종 등장한다. 홈바를 만들고 싶지만, 방법을 모르는 사람을 위해 몇 가지 팁을 공개한다. 위스키와 하이볼을 기준으로 설명한다.

① 분위기를 위해 약간의 인테리어가 필요하다. 거창할 필요는 없다. 분위기를 크게 좌우하는 2가지는 백 바(Back Bar)와 조명이다. 백 바는 기존의 선반을 활용하거나, 진열장을 구매하면 된다. 물론 돈을 들여서 진열장을 벽 크기에 맞게 제작하거나, 백 바에 간접 조명을 넣으면 분위기는 훨씬 좋아진다.

② 재료를 구비한다. 무턱대고 재료를 구매하기보다 리스트를 먼저 짜서 많이 쓰는 재료를 우선적으로 구매하면 낭비를 줄일 수 있다. 재료의 보관 방법도 꼭 확인해야 한다.

③ 기물과 글라스를 구비한다. 기물은 계량컵인 지거(Jigger)와 바 스푼(Bar Spoon)이면 충분하고, 글라스는 위스키 전용 글라스와 하이볼 글라스를 구매하면 된다.

④ 얼음을 구비한다. 얼음은 집 근처 마트나 편의점에서 칵테일용 얼음을 사서 냉동실에 넣어두고 쓰면 된다.

05. 홈파티 주최 노하우

　홈바도 생겼으니 홈파티를 주최해보자. 파티는 누구나 주최할 수 있지만 성공적인 파티를 위해서 알아야 할 사항들이 있다. 파티 플래닝을 할 때는 사람, 장소와 시간, 주제와 연출에 신경을 써야 한다. 6하 원칙에 의해 파티 기획서를 작성해 보면 체계적인 파티 준비가 가능하다. 거창한 기획서를 작성하라는 것이 아니라 6하 원칙에 따라 계획을 잡아 보라는 의미이다.

　파티에 따라 드레스 코드Dress Code를 정하는 경우가 있는데, 드레스 코드는 색상 Black, White 등 혹은 스타일Sexy, Horror 등로 지정을 할 수 있으며, 파티에 재미를 더해주고, 파티 참가자를 하나로 묶어주는 역할을 한다. 보통 드레스 코드는 주제에 맞춰 선정하게 되는데, 너무 강압적이면 참석 자체를 꺼릴 수 있으니 주의한다. 필수는 아니지만 베스트 드레서는 상품을 내거는 정도가 적당하다. 그리고 파티 호스트는 참가자들이 서로 인사를 할 수 있는 기회를 제공해야 하고, 친한 사람과만이 아니라 전체적으로 어울려야 한다.

　파티에 사용할 위스키나 하이볼을 선정할 때는 참석자에게 맞추어 선별해야 한다. 나이 또는 성별에 따라 선호하는 위스키나 하이볼이 다를 수 있기 때문이다. 특히 위스키는 참석자에 따라 가격을 고려해야 하고, 하이볼은 믹서를 다양하게 준비하는 것이 좋다. 단맛을 싫어하는 사람을 위해 탄산수, 단맛을 좋아하는 사람을 위해 토닉워터와 진저에일을 준비하면 모든 사람의 입맛에 맞출 수 있다. 그리고 무알코올도 한 가지 정도 준비하는 것이 좋다. 하이볼의 가니시는 행사 전에 미리 준비해둔다. 홈파티에서는 보통 호스트가 직접 파티를 준비하고 진행하기 때문에 재료를 구하기 쉽고, 만들기도 간단한 하이볼이 적합하다.

홈파티

05
하이볼, 취향에 따라 즐기는 한 잔

01. 위스키 하이볼 기본과 응용

01-1. 기본 단계 : 위스키(술) + 믹서

위스키 하이볼의 가장 기본 단계는 위스키에 믹서Mixer만 넣는 것인데, 대표적인 믹서에는 소다워터, 토닉워터, 진저에일, 콜라, 스프라이트 등이 있다. 단맛은 싫고, 위스키가 가진 향과 맛을 온전히 느끼면서 알코올만 희석하고 싶을 때는 소다워터를 쓴다. 소다워터도 탄산의 강도가 다르니 만약 강한 탄산을 좋아한다면 '싱하 소다워터' 같은 제품을 사용하면 된다. 너무 드라이한 맛이 싫다면 토닉워터나 진저에일 등을 사용하면 된다. 중간 정도의 맛을 원한다면 소다워터와 토닉워터 혹은 진저에일을 반반 섞어서 사용하면 된다. 이 경우 반드시 비중이 가벼운 소다워터를 먼저 넣고, 비중이 무거운 토닉워터나 진저에일을 넣어야 잘 섞인다. 버번 위스키는 콜라도 잘 어울리는 편이다.

위스키 브랜드는 내가 평소에 좋아하는 위스키 혹은 마셔보고 내 입에 맞는 위스키를 고르면 된다. 재료의 비율은 처음에는 위스키와 믹서를 1:3으로 섞어보고 취향에 따라 조정한다. 나머지 상세한 내용은 앞에 나온 내용들을 참고 바란다.

글렌피딕 하이볼(Glenfiddich Highball)

- **글라스**: 하이볼 글라스(Highball Glass)
- **재료**: 글렌피딕 12년 40~45mL, 탄산수 100mL
- **기법**: 빌딩(Building)
- **가니시**: 없음
- **만드는 법**: 차가운 하이볼 글라스에 글렌피딕을 넣고, 얼음을 가득 채워 글렌피딕의 온도를 낮춘다. 미리 차갑게 준비한 탄산수를 채운 후 가볍게 저어준다.

TIP

취향에 따라 레몬이나 라임 웨지를 넣을 수도 있지만 글렌피딕의 풍미를 잘 살리기 위해 위스키와 탄산수만 넣는 것을 추천한다. 재료를 넣을 때는 비중이 가벼운 글렌피딕을 먼저 넣고, 탄산음료인 탄산수를 나중에 넣는다. 탄산수를 넣을 때는 맥주 따르듯이 글라스를 기울여서 넣거나, 바 스푼을 이용해서 글라스 벽면으로 흘려보낸다. 탄산을 살리기 위해 많이 젓지 않도록 주의하며, 저을 때는 반대쪽 손으로 글라스 밑부분을 가볍게 잡아준다. 글라스를 잡는 이유는 글라스가 움직이지 않아야 젓기 편하고, 저으면서 하이볼 온도를 체크할 수 있기 때문이다. 잡을 때는 손이 글라스에 닿는 면적을 최소화하는 것이 좋다.

글렌피딕 하이볼, 윌리엄그랜트앤선즈코리아

01-2. 응용 단계 : 위스키(술) + 믹서 + 과일(허브)

이제 응용 단계이다. 위스키에 믹서를 넣은 상태에서 알코올 맛을 줄이고 상큼한 신맛을 넣고 싶다면 레몬이나 라임을 사용한다. 레몬즙을 살짝 추가하고 싶다면 슬라이스로 자르고, 과즙을 짜서 많이 넣고 싶을 때는 웨지로 자른다. 껍질의 강한 오일을 뿌리고 싶은 경우 껍질을 트위스트한다. 그리고 레몬을 짜서 글라스에 넣기 전에 글라스의 테두리인 림[Rim]에 살짝 바르면 더 상큼한 향을 맡을 수 있다.

과일을 사용하는 요령은 첫째, 레몬, 라임, 오렌지, 자몽 중에 선호하는 과일을 쓰는 방법이 있고, 둘째, 위스키에서 나는 풍미와 맞춰서 고를 수도 있다. 예를 들어 오렌지 향이 나는 위스키와 오렌지를 함께 사용하면 서로 잘 어울린다.

일반적으로 스카치위스키처럼 드라이한 타입에는 레몬을, 버번위스키처럼 스위트한 타입에는 오렌지가 더 잘 어울리는 경향이 있다.

가쿠빈 하이볼(Kakubin Highball)

- **글라스**: 가쿠빈 머그(Kakubin Mug) 혹은 비어 머그(Beer Mug)
- **재료**: 가쿠빈 30mL, 소다워터 120mL
- **기법**: 빌딩(Building)
- **가니시**: 레몬 웨지(Lemon Wedge)
- **만드는 법**: 글라스에 얼음을 채우고 레몬 웨지의 즙을 짠다. 가쿠빈과 소다워터를 넣고, 가볍게 저은 후 제공한다.

> **TIP**
>
> 웨지는 웨지 감자 모양으로 자르는 것으로, 레몬의 상큼한 향을 더 느끼고 싶다면 글라스의 림에 레몬즙을 바른 후에 짜면 된다. 레몬을 먼저 짜서 넣는 경우와 마지막에 짜서 넣는 경우의 향과 맛이 다르다. 더 강한 향과 맛을 원하는 경우 재료를 넣고 저은 후에 마지막에 짜서 넣는다. 레몬 양에 따라 향과 맛이 달라지기 때문에 내 입맛을 고려해서 짜도록 한다. 신맛을 싫어하면 몇 방울만 살짝 짜서 넣는다.

가쿠빈 하이볼, 산토리

01-3. 심화 단계 : 위스키(술) + 모디파이어 + 믹서 + 과일(허브)

만약 조금 더 복합적인 맛의 하이볼을 원한다면 모디파이어^{Modifier}를 넣는 방법이 있다. 일종의 킥^{Kick}이나 게임 체인저$^{Game\ Changer}$ 같은 역할을 하는 부재료인데, 리큐어, 시럽, 청, 비터, 티 등이 있다. 필자가 선호하는 모디파이어로는 베네딕틴, 캄파리, 샤르트뢰즈, 드람부이와 같은 리큐어, 슈거 시럽, 벚꽃 시럽, 로즈 시럽, 얼그레이 시럽, 히비스커스 시럽, 도라지&생강 시럽과 같은 시럽, 유자청, 자몽청, 오미자청과 같은 청, 앙고스투라 비터, 오렌지 비터, 페이쇼드 비터와 같은 비터, 녹차, 홍차, 레몬밤, 히비스커스, 라벤더, 페퍼민트와 같은 티 등이 있다. 시중에 나온 제품을 쓰기도 하고, 때로는 직접 만들어서 쓰기도 한다. 모디파이어를 쓰면 하이볼이 좀 더 복합적이고 고급스러운 느낌이 난다.

글린 오사메일(Gleann Osamail)

- **글라스**: 하이볼 글라스(Highball Glass)
- **재료**: 킬호만 마키어 베이 30mL, 재스민 티 15mL, 소다워터 Fill
- **기법**: 빌딩(Building)
- **가니시**: 레몬 웨지(Lemon Wedge)
- **만드는 법**: 글라스에 얼음과 재료를 순서대로 넣는다. 가볍게 저은 후 레몬 웨지로 장식한다.

> **TIP**
>
> Fill은 글라스의 80%가량을 의미한다. 레몬 웨지는 글라스 림에 바르고 취향에 맞게 짜고 담그면 된다. 글라스 림에 바를 때는 안쪽으로 발라야 레몬즙이 글라스 바깥으로 흐르지 않는다. 티는 뜨거운 상태에서 사용하는 것이 아니라 차갑게 식혀서 사용한다. 위스키와 티는 꽤 잘 어울리는 조합이다.

글린 오사메일, 킬호만

02. 단맛을 싫어하는 사람에게 추천하는 하이볼

단맛을 싫어하는 경우 소다워터를 사용해서 만든다. 소다워터도 브랜드에 따라 탄산의 강도가 다르므로 강탄산을 좋아하는 경우 싱하, 리프레즈 같은 브랜드를 사용하면 된다. 요즘은 탄산수 제조기도 많이 사용하는데, 제품에 따라 탄산을 3단계로 조절하는 것도 가능하다. 소다워터를 부재료로 쓰면 주재료인 술의 향과 맛을 그대로 살릴 수 있다. 만약 단맛이 약간 있는 게 좋다면 소다워터와 토닉워터 혹은 진저에일을 섞어서 쓰는 방법도 있다. 일반적으로 옥수수로 만드는 버번위스키보다 호밀로 만드는 라이 위스키 혹은 보리로 만드는 스카치위스키가 단맛이 덜하다.

글렌리벳 스카치 앤 소다(Scotch and Soda)

- **글라스**: 하이볼 글라스(Highball Glass)
- **재료**: 더 글렌리벳 파운더스 리저브 40mL, 소다워터 80mL
- **기법**: 빌딩(Building)
- **가니시**: 레몬 휠(Lemon Wheel)
- **만드는 법**: 글라스에 얼음을 채우고, 위스키와 소다워터를 넣는다. 가볍게 저은 후 레몬 휠로 장식한다.

> **TIP**
> 위스키는 글렌리벳이 아니더라도 좋아하는 브랜드의 위스키를 사용하면 되고, 위스키와 소다워터의 비율이나 소다워터의 종류에 따라 미묘하게 맛이 달라질 수 있다.

스카치 앤 소다, 더 글렌리벳

스카치 앤 소다

더 글렌그란트 아보랄리스 하이볼(The Glen Grant Arboralis Highball)

- **글라스**: 하이볼 글라스(Highball Glass)
- **재료**: 더 글렌그란트 아보랄리스 30mL, 소다워터 90mL
- **기법**: 빌딩(Building)
- **가니시**: 레몬 슬라이스(Lemon Slice)
- **만드는 법**: 글라스에 얼음과 재료를 넣고 가볍게 저어준다. 레몬 슬라이스로 장식한다.

TIP

위스키는 '더 글렌그란트 아보랄리스'가 아니더라도 좋아하는 브랜드의 위스키를 사용하면 되고, 위스키와 소다워터의 비율이나 소다워터의 종류에 따라 미묘하게 맛이 달라질 수 있다. 하이볼의 기본 비율은 1(위스키):3(믹서)이지만 사람마다 선호하는 소맥 비율이 다르듯 비율은 취향에 맞게 조절하면 된다. 취향에 따라 소다워터는 토닉워터 혹은 진저에일로 대신할 수 있다.

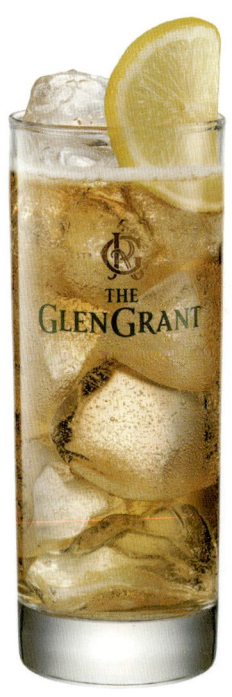

더 글렌그란트 아보랄리스 하이볼, 캄파리코리아

탐나불린 앤 소다(Tamnavulin & Soda)

- **글라스**: 하이볼 글라스(Highball Glass)
- **재료**: 탐나불린(더블 캐스크 혹은 소비뇽 블랑 캐스크 에디션) 50mL, 소다워터 150mL
- **기법**: 빌딩(Building)
- **가니시**: 사과 슬라이스(Apple Slice)
- **만드는 법**: 글라스에 얼음과 재료를 넣은 후 가볍게 저어준다. 사과 슬라이스로 장식한다. 탐나불린 더블 캐스크와 소비뇽 블랑 캐스크 에디션은 사과 향이 있기 때문에, 가니시로 사과가 잘 어울린다.

> **TIP**
> 과일이나 허브를 가니시로 사용할 경우, 술이 지닌 향에 주목한다.

탐나불린 & 소다, 탐나불린

토키 하이볼(Toki Highball)

- **글라스**: 하이볼 글라스(Highball Glass)
- **재료**: 토키 블렌디드 재패니스 위스키 45mL, 소다워터 135~180mL(위스키의 3~4배)
- **기법**: 빌딩(Building)
- **가니시**: 자몽 혹은 레몬 필 트위스트
- **만드는 법**: 글라스에 얼음을 채우고, 차갑게 한 위스키를 넣고 저어준다. 차갑게 한 소다를 채우고, 바 스푼으로 밑에서부터 위로 한 번 저어준 후 장식한다.
- 탄산을 살리기 위해서는 많이 젓지 않도록 한다. 얼음 없이 하이볼을 만들면 위스키의 플레이버와 단맛을 더 살릴 수 있다.

토키 하이볼, 산토리

안동소주 하이볼(Andong Soju Highball)

- **글라스**: 하이볼 글라스(Highball Glass)
- **재료**: 명인안동소주 45mL, 탄산수 Fill
- **기법**: 빌딩(Building)
- **가니시**: 레몬 슬라이스(Lemon Slice)
- **만드는 법**: 글라스에 얼음과 재료를 넣고 가볍게 저어준 후 장식한다.

> **TIP**
> 안동소주도 생산자마다 향과 맛이 다르다. 대한민국 식품명인 제6호 박재서 명인의 명인안동소주와 제20-가호 김연박 명인의 민속주 안동소주를 함께 비교해보면 더 재미를 느낄 것이다.

안동소주 하이볼

03. 상큼한 맛을 좋아하는 사람에게 추천하는 하이볼

과일의 상큼한 향과 맛을 좋아하는 사람들에게 추천하는 하이볼이다. 과즙이 들어가는 경우 본인의 입맛을 고려해서 양을 조절하면 된다.

부쉬밀 하이볼(Bushmills Highball)

- **글라스**: 하이볼 글라스(Highball Glass)
- **재료**: 부쉬밀 오리지널 30mL, 프레시 레몬주스 30mL, 소다워터 90mL
- **기법**: 빌딩(Building)
- **가니시**: 라임 슬라이스(Lime Slice)
- **만드는 법**: 글라스에 얼음과 재료를 넣고 가볍게 저어준다. 라임 슬라이스로 장식한다.

부쉬밀 하이볼, 부쉬밀

자몽 하이볼(Grapefruit Highball)

- **글라스**: 하이볼 글라스(Highball Glass)
- **재료**: 화요(41%) 45mL, 자몽 스파클링 워터 Fill
- **기법**: 빌딩(Building)
- **가니시**: 자몽 슬라이스, 타임
- **만드는 법**: 글라스에 얼음과 재료를 넣고 가볍게 저어준 후 장식한다. 타임은 넣기 전에 손바닥으로 쳐서 향을 터뜨려준다.

자몽 하이볼, 화요

몽키숄더 하이볼(Monkey Splash)

- **글라스**: 올드 패션드 글라스(Old Fashioned Glass)
- **재료**: 몽키숄더 30mL, 탄산수 45mL
- **기법**: 빌딩(Building)
- **가니시**: 오렌지 웨지(Orange Wedge)
- **만드는 법**: 차가운 올드 패션드 글라스에 몽키숄더를 넣고 얼음을 가득 채워준다. 기호에 맞게 탄산수를 넣고 가볍게 저어준다. 오렌지 웨지로 장식한다.

몽키숄더 하이볼, 윌리엄그랜트앤선즈코리아

크라운 디럭스 앤 진저 (Crown Deluxe & Ginger)

- **글라스**: 하이볼 글라스(Highball Glass)
- **재료**: 크라운 로얄 파인 디럭스 45mL, 진저에일 120mL
- **기법**: 빌딩(Building)
- **가니시**: 라임 웨지(Lime Wedge)
- **만드는 법**: 글라스에 얼음을 채우고, 크라운 로얄 디럭스를 넣는다. 진저에일을 채우고 가볍게 저어준 후 장식한다.

크라운 디럭스 앤 진저, 크라운 로얄

04. 봄나들이에 추천하는 하이볼

봄꽃과 함께 즐기기 좋은 하이볼을 추천한다. 따뜻한 봄날, 가족, 연인, 친구, 동료와 함께 야외 나들이를 떠나 가볍게 즐겨보길 바란다.

벚꽃 하이볼(Cherry Blossoms Highball)

- **글라스**: 하이볼 글라스(Highball Glass)
- **재료**: 마한(36%) 45mL, 벚꽃 코디얼 20mL, 1883 로즈향 시럽 10mL, 캐나다 드라이 토닉워터 Fill
- **기법**: 빌딩(Building)
- **만드는 법**: 하이볼 글라스에 얼음과 재료를 넣고 가볍게 저어준다.

벚꽃 하이볼

체리 하이볼(Cherry Highball)

- **글라스**: 하이볼 글라스(Highball Glass)
- **재료**: 마한(36%) 45mL, 체리 주스 60mL, 콜라 Fill
- **기법**: 빌딩(Building)
- **가니시**: 레몬 슬라이스 & 체리
- **만드는 법**: 하이볼 글라스에 얼음과 재료를 넣고 가볍게 저어준 후 장식한다.

체리 하이볼

마한 하이볼(Mahan Highball)

- **글라스**: 하이볼 글라스(Highball Glass)
- **재료**: 마한(36%) 45mL, 도라지 & 생강 시럽 15ml, 탄산수 Fill
- **기법**: 빌딩(Building)
- **가니시**: 도라지 슬라이스, 타임
- **만드는 법**: 하이볼 글라스에 얼음과 재료를 넣고 가볍게 저어준 후 장식한다.

마한 하이볼

스카치 앤 로즈메리 하이볼(Scotch and Rosemary Highball)

- **글라스**: 하이볼 글라스(Highball Glass)
- **재료**: 더 글렌리벳 파운더스 리저브 50mL, 진저비어 150mL
- **기법**: 빌딩(Building)
- **가니시**: 로즈메리
- **만드는 법**: 글라스에 얼음을 채우고, 위스키와 진저비어를 넣는다. 부드럽게 저어준 후 로즈메리로 장식한다. 로즈메리는 잡고 손바닥에 몇 번 때려서 향을 터트린 다음 넣어준다.

스카치 앤 로즈메리 하이볼, 더 글렌리벳

05. 우울한 날 추천하는 달달한 하이볼

우리는 종종 우울할 때 달콤한 디저트를 찾는다. 단맛이 기분을 좋아지게 하기 때문이다. 여기 우울한 날 기분을 달래줄 만큼 달콤한 하이볼 레시피를 몇 가지를 소개한다. 하지만 연구에 따르면, 달콤한 음식은 일시적으로 기분을 좋게 만들 수 있지만, 과도하게 섭취 시 오히려 우울증 위험을 높일 수 있다고 한다. 그러니 달콤한 음식에 지나치게 의존하지 않길 바란다.

아이엠 하이볼(I AM Highball)

- **글라스**: 하이볼 글라스(Highball Glass)
- **재료**: 아이엠더문 60mL, 히비스커스 시럽 10mL, 토닉워터 Fill
- **기법**: 빌딩(Building)
- **가니시**: 라임 웨지(Lime Wedge)
- **만드는 법**: 하이볼 글라스에 얼음과 재료를 넣고 가볍게 저어준 후 장식한다.

> **TIP**
>
> 아이엠더문, 시럽, 토닉워터 등 세 가지 재료가 모두 달기 때문에 달콤한 하이볼이 만들어진다. 지나치게 달면 쉽게 질리게 되니 라임의 신맛으로 조절해주면 더 맛있게 먹을 수 있다. 그리고 달콤한 음료는 차갑게 해줄수록 더 맛있게 느껴진다는 사실을 꼭 기억하길 바란다. 토닉워터도 제품에 따라 당도 등 맛이 다르고, 동일 브랜드인 경우, 캔 제품이 탄산이 강한 편이다.

아이엠 하이볼

매실 하이볼(Maesil Highball)

- **글라스**: 하이볼 글라스(Highball Glass)
- **재료**: 원매 프리미엄(20%) 45mL, 진저에일 Fill
- **기법**: 빌딩(Building)
- **가니시**: 레몬 웨지 & 로즈메리
- **만드는 법**: 하이볼 글라스에 얼음과 재료를 넣고 가볍게 저어준 후 장식한다.

> **TIP**
>
> 레몬 웨지는 글라스 림에 바르고 짜고 담그면 되고, 로즈메리는 잡고 손바닥에 몇 번 때려서 향을 터트린 다음 넣어준다. 국내외에서 외국인을 대상으로 행사하면 늘 인기 있는 하이볼이다. 서양의 애프리코트(살구) 리큐어가 매실주와 비슷한 풍미를 지녀, 큰 이질감 없이 즐길 수 있다.

매실 하이볼

화요 하이볼(Hwayo Highball)

- **글라스**: 하이볼 글라스(Highball Glass)
- **재료**: 화요(41%) 30mL, 유자청 2tsp, 오미자청 10mL, 토닉워터 Fill
- **기법**: 빌딩(Building)
- **장식**: 라임(혹은 레몬) 웨지(없으면 생략)
- **만드는 법**: 하이볼 글라스에 유자청, 오미자청, 화요를 넣고 잘 섞어준다. 얼음과 토닉워터를 넣고 가볍게 저어준 후 장식한다.

> **TIP**
>
> 청은 건더기가 있어 사용하기 불편한 점이 있지만, 시각적으로 아름다운 그러데이션(Gradation)을 만들 수 있는 장점도 있다. 빌딩(Building)으로 하이볼(Highball)을 만들 경우, 글라스에 얼음을 넣기 전에 청과 술을 먼저 섞은 후 글라스에 얼음을 채우고 마지막으로 탄산음료를 넣어서 가볍게 저어준다. 청을 사용할 경우, 글라스에 입을 대고 마실 때와 빨대를 사용해서 마실 때의 맛이 다르다는 점도 흥미롭다. 건더기가 싫은 경우 청 대신 시럽을 사용하면 된다.

화요 하이볼

소여강 하이볼(Soyeogang Highball)

- **글라스**: 하이볼 글라스(Highball Glass)
- **재료**: 소여강(42%) 45mL, 엘더플라워 리큐어 15mL, 토닉워터 Fill
- **기법**: 빌딩(Building)
- **만드는 법**: 하이볼 글라스에 얼음과 재료를 넣고 가볍게 저어준다.

TIP
대표적인 엘더플라워 리큐어로 생제르맹이 있다.

소여강 하이볼

애버펠디 허니 하이볼(Aberfeldy Honey Highball)

- **글라스**: 하이볼 글라스(Highball Glass)
- **재료**: 애버펠디 12년 40mL, 꿀 20mL, 캐모마일차 Fill
- **기법**: 빌딩(Building)
- **가니시**: 레몬 트위스트(Lemon Twist)
- **만드는 법**: 글라스에 위스키와 꿀을 넣고 잘 저어준다. 얼음과 차갑게 한 캐모마일차를 채우고 가볍게 저어준 후 레몬 트위스트로 장식한다.

> **TIP**
>
> 꿀은 얼음을 넣기 전에 위스키와 잘 섞어준다. 캐모마일차는 차갑게 식혀서 사용한다. 레몬 트위스트는 레몬 껍질을 비틀어서 껍질에 있는 오일을 뿌려준다.

애버펠디 허니 하이볼, 애버펠디

글렌고인 화이트 오크 하이볼(Glengoyne White Oak Highball)

- **글라스**: 하이볼 글라스(Highball Glass)
- **재료**: 글렌고인 화이트 오크 50mL, 바닐라 리큐어 10mL, 애플 시럽 25mL, 파인애플 비터 1대시, 소다워터 Fill
- **기법**: 셰이킹(Shaking) + 빌딩(Building)
- **가니시**: 없음, 혹은 말린 사과
- **만드는 법**: 셰이커 보디에 소다워터를 제외한 모든 재료를 넣고 드라이 셰이킹을 한다. 얼음을 가득 넣은 하이볼 글라스에 내용물을 따르고 소다워터를 채운다(글라스의 80%). 가볍게 저어준 후 장식(옵션)한다. 드라이 셰이킹은 얼음을 넣지 않고 셰이킹을 하는 것을 말한다.

글렌고인 화이트 오크 하이볼, 글렌고인

06. 캠핑 & 바비큐에 추천하는 하이볼

야외 캠핑의 꽃은 역시 바비큐가 아니겠는가. 바비큐할 때의 스모크 향과 잘 어울리는 하이볼을 추천한다.

아드벡 하이볼(Ardbeg Highball)

- **글라스**: 하이볼 글라스(Highball Glass)
- **재료**: 아드벡 10년 45mL, 소다워터 Fill
- **기법**: 빌딩(Building)
- **장식**: 통후추
- **만드는 법**: 글라스에 얼음과 재료를 넣고 가볍게 저어준 후 통후추를 뿌려준다.

아드벡 하이볼

파이어볼 하이볼(Fireball Highball)

- **글라스**: 하이볼 글라스(Highball Glass)
- **재료**: 파이어볼 45mL, 사과주스 30mL, 진저에일 Fill
- **기법**: 빌딩(Building)
- **장식**: 레몬 웨지 & 로즈메리
- **만드는 법**: 글라스에 얼음과 재료를 넣고 가볍게 저어준 후 장식한다. Fill은 글라스의 80%를 채우는 것을 의미한다. 웨지는 글라스 림에 바르고 짠 후 담그고, 로즈메리는 손에 쥐고 손바닥에 몇 번 쳐서 향을 터트린 다음 넣어준다.

파이어볼 하이볼

블랙 위스키 앤 콜라(Black Whisky & Cola)

- **글라스**: 하이볼 글라스(Highball Glass)
- **재료**: 크라운 로얄 블랙 40mL, 콜라 120mL
- **기법**: 빌딩(Building)
- **가니시**: 라임 웨지(Lime Wedge)
- **만드는 법**: 글라스에 얼음을 채우고, 크라운 로얄 블랙을 넣는다. 콜라를 넣고 가볍게 저어준 후 장식한다.

블랙 위스키 앤 콜라, 크라운 로얄

와일드 터키 하이볼(Wild Turkey Highball)

- **글라스**: 하이볼 글라스(Highball Glass) 혹은 구리잔
- **재료**: 와일드 터키 30mL, 진저에일 혹은 소다워터 90~120mL (취향에 따라)
- **기법**: 빌딩(Building)
- **가니시**: 레몬 슬라이스(Lemon Slice)
- **만드는 법**: 글라스에 얼음과 재료를 넣고 가볍게 저어준다. 레몬 슬라이스로 장식한다.

 TIP
구리는 다른 금속에 비해 열 전도성이 뛰어나기 때문에 특히 무더운 여름에 위력을 발휘한다.

와일드 터키 하이볼, 캄파리코리아

필 하이볼(Feel Highball)

- **글라스**: 하이볼 글라스(Highball Glass)
- **재료**: 필(40%) 45mL, 공차 허니 자몽 블랙티 20g, 토닉워터 Fill
- **기법**: 빌딩(Building)
- **가니시**: 라임 웨지(Lime Wedge)
- **만드는 법**: 하이볼 글라스에 얼음과 재료를 넣고 가볍게 저어준 후 장식한다.

필 하이볼

PART III
위스키 알쓸신잡(TMI)

1. 세계를 매료시킨 위스키
2. 세계 속 숨겨진 위스키
3. 세계를 뒤흔든 위스키
4. 위스키로 보는 세상

01
세계를 매료시킨 위스키

01. 영화(드라마)에 등장한 위스키

01-1.『오징어 게임 시즌2』에 등장한 셰리 캐스크의 신흥 강자, 글렌알라키

　이정재, 이병헌, 임시완 주연의 드라마『오징어 게임 시즌2, 2024』에 스페이사이드 싱글 몰트 스카치위스키 '**글렌알라키**GlenAllachie **21년 캐스크 스트렝스**'가 등장한다. 주인공 이병헌(프론트맨 역)이 이 위스키를 마시면서 '무궁화꽃이 피었습니다' 게임을 감상하고 있는 장면에서는 프랭크 시나트라Frank Sinatra의 감미로운 재즈곡인 '플라이 미 투 더 문Fly Me To The Moon'이 흐르고 있다.

　글렌알라키는 코로나 시기에 맥캘란, 글렌드로낙, 글렌파클라스 등 셰리 3대장에 이어 셰리 위스키의 인기를 이끈 증류소로 평가받는다.

　필자가 진행하는 위스키 강연에서는 100% 버번 캐스크 숙성 위스키(글렌모렌지, 글렌그란트 등)와 100% 셰리 캐스크 숙성 위스키(맥캘란, 글렌드로낙 등)를 비교 시음 후에 선호도 조사를 하는데, 우리나라의 경우 확실히 진하고 복합적인 셰리 캐스크의 인기가 더 높다.

　특히 벤리악, 글렌드로낙, 글렌글라사를 거친 전설적인 마스터 디스틸러인 빌리 워커가 2017년에 글렌알라키 증류소를 인수하면서 품질 향상과 함께 인기와 가격이 덩달아 올라가고 있다.

글렌알라키 21년 CS

01-2. 『헤어질 결심』에서 박찬욱 감독이 선택한 대만 위스키, 카발란

　박찬욱 감독, 박해일 탕웨이, 이정현 주연의 영화『헤어질 결심, 2022』에 대만 위스키 '카발란 솔리스트 올로로소 셰리 캐스크Kavalan Solist Oloroso Sherry Cask'가 등장해서 화제가 되었는데, 실제 박찬욱 감독이 평소에 즐겨 마시는 위스키로 알려져 있다.

　위스키 애호가로 알려진 방탄소년단(BTS)의 RM이 멤버 슈가의 유튜브 콘텐츠 '슈취타'에 출연해서 소개하기도 해서 이목을 끌었다.

'**카발란 위스키**'는 이외에도 다비치 강민경의 유튜브 '걍밍경', MBC 예능 '나 혼자 산다' 대만 편과 이종원 편에도 등장한 바 있다. 카발란, 오마르 등 대만 위스키들은 기후로 인해 숙성이 빨리 진행되기 때문에 보통 숙성 연수 미표기(NAS) 제품들이 대부분이다.

카발란 솔리스트 올로로소 셰리 캐스크

01-3. 박정희 대통령의 마지막을 함께 한 위스키, 시바스 리갈

이병헌, 이성민, 곽도원, 이희준 주연의 영화 『남산의 부장들, 2020』에는 블렌디드 스카치위스키 '**시바스 리갈**Chivas Regal **12년**'이 등장한다. '시바스 리갈 12년'은 1979년 10월 26일 박정희 전 대통령이 궁정동 만찬에서 마신 위스키로 유명하다. 박정희 전 대통령은 막걸리에 시바스 리갈을 섞은 막걸리 폭탄주도 종종 마신 것으로 알려져 있다. 김윤석, 김혜수, 이정재, 전지현 주연의 영화 『도둑들, 2012』과 이정재, 최민식, 황정민 주연의 영화 『신세계, 2013』에는 '시바스 리갈 25년'이 등장한다.

시바스 리갈 12년

01-4. 『타짜』부터 『삼시세끼』까지 영화와 예능을 넘나드는 위스키, 조니워커 블루

마동석, 김무열, 김성규 주연의 영화 『악인전, 2019』, 조승우, 김혜수, 백윤식, 유해진 주연의 영화 『타짜, 2006』, 마동석, 윤계상 주연의 영화 『범죄도시, 2017』, 조인성, 정우성, 배성우, 김아중, 류준열 주연의 영화 『더킹, 2017』 등 다양한 장르의 영화에서 블렌디드 스카치위스키 **'조니워커 블루**Johnnie Walker Blue**'** 가 등장했다.

특히 2024년 방영된 예능 『삼시세끼 Light 임영웅 편』에서는 '조니워커 블루 라벨'이 더욱 특별하게 조명되었다. 임영웅은 출연을 앞두고 차승원과 유해진에 대한 팬심을 담아, 영화 『타짜』에서 유해진이 마셨던 바로 그 '조니워커 블루 라벨'을 선물로 준비했다. 실제로 그는 촬영 전 유해진의 출연작들을 다시 복습하고 타짜의 대사까지 외우며 남다른 정성을 보였고, 이를 알고 있었던 필자는 임영웅의 섬세함에 깊은 인상을 받았다.

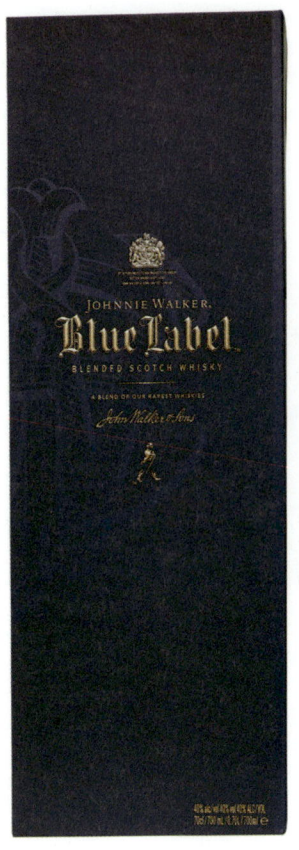

조니워커 블루 라벨

01-5. 시간과 권위를 담은 초고가 위스키, 조니워커 다이아몬드 쥬빌리

　조진웅, 이하늬 주연의 영화 『블랙머니, 2019』에는 '**조니워커 다이아몬드 쥬빌리 Diamond Jubilee by John Walker & Sons**'가 등장한다. 보팀 대표 역으로 나오는 문성근(강기춘 역)이 후배 검사인 조진웅(양민혁 역)을 회유하는 장면에서 3억 원짜리 위스키라며 한 잔 따라주는 장면에 등장하는 이 위스키는 1952년 증류된 희귀한 몰트와 그레인 스카치위스키를 블렌딩해서 만들었으며, 엘리자베스 여왕 즉위 60주년을 맞아 60병만 한정 생산되었다. 2012년 출시될 당시 가격이 세금 제외 10만 파운드였다.

01-6. 부드러움과 고급 선물의 상징, 발렌타인 30년

이병헌, 조승우, 백윤식 주연의 영화『내부자들, 2015』, 박용하, 김민정, 박희순, 김무열 주연의 영화『작전, 2009』, 현빈, 유지태, 배성우, 박성웅, 나나 주연의 영화『꾼, 2017』에 블렌디드 스카치위스키 '발렌타인Ballantine's 30년'이 나왔다. '발렌타인 30년'은 특히 국내에서는 선물용으로 인기인데, 지금도 이 귀한 위스키로 폭탄주를 만들어 마시는 얘기가 뉴스에도 종종 등장한다. 특히 과거에는 위스키의 향과 맛을 음미하는 문화가 아니라 원샷이나 폭탄주를 만들어 마시는 경우가 많았기 때문에 목 넘김이 부드럽고 폭탄주 만들기 좋은 고연산 블렌디드 위스키가 인기가 높았다. 필자 역시 명절에 고향에 갈 때 집안 어른들을 위해 '발렌타인 30년'을 준비한 적이 더러 있다.

발렌타인 30년

01-7. 특별한 순간에 어울리는 캠벨타운의 전설, 스프링뱅크

2012년 칸 영화제에서 황금종려상을 받은 켄 로치Ken Loach 감독의 위스키 영화『엔젤스 셰어 : 천사를 위한 위스키The Angels' Share』에는 스코틀랜드에 있는 증류소인 스프링뱅크Springbank, 딘스톤Deanston, 글렌고인Glengoyne, 발블레어Balblair가 등장한다. 주인공의 첫아기 출산 축하주로 캠벨타운 싱글 몰트 스카치위스키 '스프링뱅크Springbank 32년'이 나온다. 그리고 케빈 코스트너Kevin Costner, 휘트니 휴스턴Whitney Houston 주연의 영화 『보디가드The Bodyguard, 1992』에는 '스프링뱅크 10년'이 등장한다.

스프링뱅크 32년

스프링뱅크 10년

01-8. 낭만을 노래한 전설의 가짜 위스키, 도라지 위스키

　조승우, 김혜수, 백윤식, 유해진 주연의 영화 『타짜, 2006』에는 국산 위스키 '도라지 위스키Torage Whisky'가 등장한다. 가수 최백호의 '낭만에 대하여(1995)'란 노래 가사에도 등장하는데, 사실 위스키 원액은 한 방울도 들어가지 않았고, 주정에 수입한 위스키 향과 식용 색소를 첨가해서 만든 기타재제주였다. 심지어 도라지가 들어간 것도 아니었는데, 일본 산토리Suntory 사의 토리스 위스키Torys Whisky 이름을 흉내 낸 것일 뿐이었다.

토리스 위스키

이외에도 한국 영화 및 드라마에 등장한 위스키는 다음과 같다.

- 강동원, 이정현 주연의 영화『반도, 2020』에 나온 스페이사이드 싱글 몰트 스카치위스키 '글렌피딕(Glenfiddich) 15년'과 블렌디드 스카치위스키 '조니워커 블랙 라벨(Johnnie Walker Black Label)'
- 유아인, 박신혜 주연의『살아있다, 2020』에 나온 '발베니(Balvenie) 16년 트리플 캐스크'와 '발베니 17년 더블 우드'
- 류준열, 유지태, 조우진 주연의 영화『돈, 2019』에 나온 하이랜드 싱글 몰트 스카치위스키 '글렌모렌지 시그넷(Glenmorangie Signet)'
- 봉준호 감독, 송강호, 이선균, 조여정, 최우식 주연의 영화『기생충, 2019』과 김윤석, 하정우, 유해진 주연의 영화『1987, 2017』에 나온 블렌디드 스카치위스키 '로얄 살루트(Royal Salute) 21년'
- 이솜, 안재홍 주연의 영화『소공녀, 2018』에 나온 '글렌피딕 15년'
- 강동원, 김윤석, 임수정, 유해진 주연의 영화『전우치, 2009』에 나온 스페이사이드 싱글 몰트 스카치위스키 '맥캘란(Macallan) 30년'
- 배용준, 이영애 주연의 드라마『파파1996』에서 배용준이 집에서 자주 혼술을 하는 위스키로 나온 블렌디드 스카치위스키 '썸싱 스페셜(Something Special)' 등이 있다.

그리고 외국 영화와 드라마 속에 등장한 위스키는 다음과 같다.

- 매튜 맥커너히, 휴 그랜트 주연의 영화 《젠틀맨》(The Gentlemen, 2020) → 스페이사이드 싱글 몰트 스카치위스키 '글렌파클라스(Glenfarclas) 1976년산 (40년 숙성)'
- 헬렌 미렌, 이안 매켈런 주연의 《굿 라이어》(The Good Liar, 2019) → 하이랜드 싱글몰트 스카치위스키 '탈리스커(Talisker) 10년'
- 비고 모텐슨, 마허샬라 알리 주연의 《그린 북》(Green Book, 2019) → 블렌디드 스카치위스키 '커티 샥(Cutty Sark)'
- 제이슨 스타뎀, 제시카 알바, 토미 리 존스 주연의 《메카닉: 리절렉션》(Mechanic: Resurrection, 2016) → '커티 샥(Cutty Sark)'
- 다니엘 크레이그 주연의 《007 스카이폴》(Skyfall, 2012) → 스페이사이드 싱글몰트 스카치위스키 '맥캘란(Macallan) 파인 앤 레어 1962년산' (※ 자선 경매용으로도 활용됨)
- 휴 잭맨 주연의 《엑스맨 탄생: 울버린》(X-Men Origins: Wolverine, 2009) → 일본 위스키 '히비키 하모니(Hibiki Harmony)'
- 톰 행크스, 줄리아 로버츠 주연의 《찰리 윌슨의 전쟁》(Charlie Wilson's War, 2008) → 하이랜드 싱글몰트 스카치위스키 '탈리스커(Talisker) 12년'
- 빌 머레이, 스칼렛 요한슨 주연의 《사랑도 통역이 되나요?》(Lost in Translation, 2004) → 일본 위스키 '히비키(Hibiki) 17년'
- 데니스 퀘이드, 제이크 질렌할 주연의 《투모로우》(The Day After Tomorrow, 2004) → 스페이사이드 싱글몰트 스카치위스키 '발베니(Balvenie) 12년 더블우드(DoubleWood)'
- 키아누 리브스 주연의 《콘스탄틴》(Constantine, 2005) → 아일라 싱글몰트 스카치위스키 '아드벡(Ardbeg) 10년'
- 알 파치노 주연의 《여인의 향기》(Scent of a Woman, 1993) → 미국 테네시 위스키 '잭 다니엘스(Jack Daniel's)'
- 해리슨 포드 주연의 《블레이드 러너》(Blade Runner, 1982) → 블렌디드 스카치위스키 '조니워커 블랙 라벨(Johnnie Walker Black Label)'
- 톰 크루즈 주연의 《칵테일》(Cocktail, 1988) → 미국 버번위스키 '짐 빔(Jim Beam)'

탈리스커 10년   아드벡 10년   짐빔

02. 노래 가사에 나온 위스키

가수 최백호의 대표곡 《낭만에 대하여》(1995)에는 이런 가사가 나온다.
"도라지 위스키 한 잔에다…"

하지만 이 '도라지 위스키'에는 도라지가 전혀 들어가지 않는다. 어떻게 된 일일까?

1956년 부산 토성동에 있던 '국제양조장'에서 주정에 색소와 향료를 넣어서 위스키 비슷한 술을 만들었다. 그리고 그 가짜 위스키에 일본 산토리Suntory사의 토리스 위스키Torys Whisky 이름을 흉내 내서 '도리스 위스키'로 판매했는데 저렴한 가격에 선풍적인 인기를 끌게 된다. 토리스 위스키는 1946년부터 생산되었는데, 당시 미군 배급품 사이에 섞여 우리나라에 처음 소개되었다.

1960년, 부산 '국제 신보'에 의해 왜색 불법 상표 도용 논란이 제기되었고 국제양조장 사장이 구속되는 사건이 벌어지고, 결국 도리스 위스키는 잠시 판매를 중단했다가 이름이 비슷한 '도라지 위스키Torage Whisky'로 다시 판매하게 된다. 이름은 위스키지만 사실 위스키 원액은 한 방울도 들어가지 않았고, 주정에 수입한 위스키 향과 식용 색소를 첨가해서 만든 술이었다.

도라지 위스키가 대박이 나면서 천양주조의 '백양 위스키', 쌍무주조의 '쌍마 위스키', 신우실업의 '오스카 위스키' 등 가짜 위스키가 줄지어 나오게 되었다. 당시 도라지 위스키는 다방에서도 마실 수 있었다. 이후 1970년대에 스코틀랜드에서 수입한 위스키 원액을 섞은 '인삼 위스키', '죠지 드레이크', 'JR' 등의 위스키(실제로는 기타재제주)가 출시되면서 도라지 위스키 시대는 막을 내리고 1976년 도라지 위스키 브랜드는 보해양조에 면허 매각되며 역사 속으로 사라졌다.

도라지 위스키 광고탑, 한국저작권위원회

최근 싱글 몰트 위스키는 여러 아티스트들의 노래 가사에 등장하며, 위스키 문화의 확산을 보여주고 있다. 특히 '싱글 몰트'라는 단어가 들어간 노래들이 인기를 끌고 있고, 그중 몇 가지 노래는 다음과 같다.

- 토이의 '인생은 아름다워' (2014)
- 최재신의 'Your Night' (2015)
- 바비빌의 '소맥으로 가자' (2019)
- 김슬옹의 'BETTER KNOW' (2022)
- 이대원의 'Lost Into You' (2023)
- 희수킹의 'LAGAVULIN' (2024)

이 중, 최재신의 노래에는 구체적으로 맥캘란^{Macallan}이란 브랜드가 언급되고, 이대원의 노래에는 니트^{Neat}란 단어가 나오는데 니트는 위스키 음용 방법 중에서 물이나 얼음을 넣지 않고 실온 상태에서 원액 그대로 마시는 방법을 의미한다.

특히 희수킹의 노래는 아예 제목이 싱글몰트 스카치위스키 중 대표적인 아일라 피트 위스키인 라가불린^{Lagavulin}이다. 코로나 시기에 위스키가 유행하면서 오픈런 현상이 생기기도 했는데, 희수킹도 이 시기에 유튜브를 통해 위스키를 공부했다고 한다. 어느 날 기존에 마시던 위스키 외에 피트 위스키에 대한 궁금증이 생겨서 마트에서 라가불린 8년을 구매하여 집에서 마셨는데 피트 위스키의 독특한 향과 맛에 반해서 그 느낌을 노래로 담아낸 것이다.

맥캘란

라가불린 8년

구체적인 싱글 몰트위스키가 나오는 노래를 더 살펴보자.

02-1. 국내 인기 최고의 몰트위스키, 맥캘란

앞서 최재신의 'Your Night(2015)' 외에도 존[John]의 '낭만(2020)'에 싱글 몰트 위스키의 롤스로이스라고 불리는 맥캘란[Macallan]이 등장한다. 맥캘란은 '셰리 3대 장' 중 하나로 우리나라에서 가장 인기 있는 싱글 몰트위스키로 꼽힌다.

02-2. 몰트위스키 품절 사태의 또 다른 주인공, 발베니

블루[BLOO]의 'Hella Lit(2021)', 리커웰[Liquor well]과 제이콥[J.cob]의 'Lil Mama(2022)', 27RING의 '탕후루(2023)', 그리고 김하온[HAON]의 'SHOT(2024)'에는 발베니[Balvenie]가 나오는데, 발베니 역시 맥캘란과 함께 코로나 시국에 오픈런을 유발한 인기 싱글 몰트위스키 중 하나이다.

02-3. 명품이 선택한 황금빛 위스키, 글렌모렌지

헌터제이[HunterJ]의 'Be Fine(2023)'에는 루이비통모에헤네시[LVMH]가 소유하고 있는 글렌모렌지가 등장한다.

딘딘[DINDIN]의 'HANNAM GANG(2019)'에는 글렌피딕, 글렌모렌지, 글렌리벳, 라프로익, 야마자키 등 다수의 싱글 몰트위스키 이름이 나온다. 예전에는 위스키라는 포괄적인 단어가 등장했다면 2010년 전후 우리나라도 싱글 몰트위스키가 본격적으로 유행하면서 구체적인 제품명이 등장한다는 점에서 큰 차이가 있다. 노래는 시대상을 반영하므로 앞으로도 다양한 싱글 몰트위스키 브랜드들이 가사에 등장할 듯하다.

글렌피딕 12년   야마자키 12년

그 외에 가사에 위스키가 등장하는 노래로는 신해철의 '재즈 카페(1991)', 이자연의 '찰랑찰랑(1995)', 최성수의 '위스키 온 더 락 Whisky on the rock, 2008', 브라운아이드걸스의 'Hotshot(2011)', 엑소EXO의 'PLAYBOY(2015)', 방탄소년단의 '피땀 눈물(2016)', 박나래 · 박명수의 '독 사과(2018)', 신화의 '떠나가지 마요(2018)', 장윤정의 '운명에게(2020)' 등이 있다.

위스키 마니아라면 영화나 드라마는 물론 노랫말 속에 들어있는 위스키 브랜드를 찾아보는 재미를 느껴보길 바란다.

03. 가수 비욘세 등 유명인이 출시한 위스키

* 데이비드 베컴 – 헤이그 클럽(Haig Club)

영국의 축구 스타 '데이비드 베컴 David Beckham, 1975~'은 2014년 세계 최대 주류 회사 디아지오와 함께 그레인 위스키 '헤이그 클럽 Haig Club'을 출시했다. '헤이그 클럽'은 옥수수, 호밀 등 다양한 곡물을 사용해 만든 그레인 위스키인데, 그레인 위스키는 100% 보리로 만든 몰트위스키에 비해 순하고 부드러우며, 상대적으로 저렴한 것이 특징이다. 스코틀랜드의 가장 오래된 그레인 위스키 증류소이자 딤플, 조니워커 Johnnie Walker의 그레인 위스키 원액을 공급하는 헤이그 Haig 가문에서 개발한 상품으로 데이비드 베컴이 브랜드 기획부터 마케팅까지 개발 전 과정에 적극 참여한 것으로 알려져 있다.

* 스테판 커리 – 젠틀맨스 컷(Gentleman's Cut)

미국 '골든 스테이트 워리어스 Golden State Warriors' 소속의 NBA National Basketball Association, 미국 프로 농구 협회 스타 가드인 '스테판 커리 Stephen Curry, 1988~'가 켄터키 버번위스키 젠틀맨스 컷 Gentleman's Cut을 출시했다. 젠틀맨스 컷은 스테판 커리가 미국 나파 밸리의 아뮤즈 부쉐 와이너리 Amuse Bouche Winery와 협업해 2015년부터 위스키 원액을 다양한 배럴에서 숙성시켜 완성한 버번위스키인데, 스테판 커리가 위스키 제조, 블렌딩, 숙성, 패키징 등 모든 단계에 참여했다고 한다. 나라셀라가 수입해서 판매한다.

* 드레이크 버지니아 블랙 위스키(Virginia Black Whisky)

캐나다 출신의 가수 드레이크 Drake, 1986는 2016년 '버지니아 블랙 위스키 Virginia Black Whisky'를 출시했다. 이 위스키는 드레이크와 스피릿 생산자 브렌트 호킹 Brent Hocking이 협업해 만든 아메리칸 버번위스키로 라이 함량이 높은 버번이다.

* 코너 맥그리거 – 프로퍼 넘버 트웰브(Proper No. Twelve)

아일랜드 출신의 종합격투기 UFC 스타 '코너 맥그리거 Conor McGregor, 1988~'는 2018

년 에이어 본 스피리츠Eire Born Spirits와 합작해서 만든 아이리시 위스키 '프로퍼 넘버 트웰브Proper No. Twelve'를 출시했다. 브랜드 이름은 그의 고향인 아일랜드 더블린 12구역에서 영감을 받았다고 한다. 2021년 5월 미국 경제 전문지 '포브스'가 발표한 '세계 10대 최고 수입 스포츠 선수' 자료에 따르면 맥그리거는 '프로퍼 넘버 트웰브'의 지분을 1억 5,000만 달러에 매각하는 등의 수입으로 1년간(2020년 5월 1일부터 2021년 5월 1일까지) 총 1억 8,000만 달러의 수입을 기록하며 FC바르셀로나의 리오넬 메시와 유벤투스의 크리스티아누 호날두를 제치고 이 부문 랭킹 1위에 오르기도 했다.

* 폴 웨슬리, 이안 서머홀더 – 브라더스 본드 버번위스키(Brother's Bond Bourbon Whiskey)

미국 드라마 '뱀파이어 다이어리the Vampire Diaries'의 두 주인공인 영화배우 폴 웨슬리Paul Wesley, 1982~와 이안 소머헐더Ian Somerhalder, 1978~는 2021년 5월 '브라더스 본드 버번위스키Brother's Bond Bourbon Whiskey'를 출시했다. 폴과 이안은 촬영하는 동안 스크린 안팎에서 버번위스키를 함께 마시면서 뛰어난 위스키 회사를 만들겠다는 비전을 세웠다고 한다.

* 밥 딜런 – 헤븐스 도어 더블 배럴(Heaven's Door Double Barrel)

가수이자 노벨문학상 수상자인 미국의 싱어송라이터 '밥 딜런Bob Dylan, 1941~'은 2022년 블렌디드 위스키 '헤븐스 도어 더블 배럴Heaven's Door Double Barrel'을 출시했다. 자신의 1973년 히트곡 '노킹 온 헤븐스 도어Knockin on Heaven's Door' 제목에서 이름을 따왔고, 직접 그린 아트워크 '아이언 게이트Iron Gate'를 보틀 앞면에 새겨 넣었다.

* 비욘세 – 서데이비스'(SirDavis)

미국 가수 '비욘세Beyonce, 1981~'가 2024년 9월 4일 루이비통모에헤네시LVMH의 자회사 모엣 헤네시Moët Hennessy와 협력하여 그의 증조부 이름 데이비스 호그Davis Hogue을 딴 아메리칸 위스키 '서데이비스SirDavis'를 출시했다. 비욘세의 고향인 텍사

스주 휴스턴에서 만드는 서데이비스는 모엣 헤네시가 미국에서 개발한 첫 번째 증류주이다. 호밀 51%, 맥아 49%로 구성되고, 셰리 캐스크에서 숙성되며 병에는 청동으로 만든 말이 새겨져 있다.

* 박성웅 - 버지니아 C&C

우리나라에서는 배우 박성웅이 2023년 싱글 몰트위스키 '버지니아 C&C'를 내놨다. 평소 싱글몰트에 대한 사랑을 표현해 왔던 그는 자신의 이름을 내건 주류 출시를 위해 직접 테이스팅을 거쳐 제품을 론칭했다고 한다. 박성웅은 아메리칸 위스키 가운데 유일하게 국제 기준 싱글 몰트위스키를 생산하는 버지니아 증류소 위스키에 직접 투자를 하고 직접 앰버서더와 모델로 나서기도 했다. 버지니아 증류소는 카발란 위스키를 만든 '짐 스완Jim Swan, 1941~2017' 박사가 미국에 지은 단 하나의 증류소이다.

* 신동엽 - 블랙서클 위스키

방송인 신동엽은 2025년 2월 편의점 세븐일레븐과 협업하여 블렌디드 위스키 '블랙서클 위스키'를 출시했다. 이 위스키는 출시 일주일 만에 초도 물량 12만 병이 모두 판매될 정도로 큰 인기를 끌었는데, 신동엽이 직접 위스키 원액 시음, 패키지 디자인 등 제품 기획 및 개발의 모든 단계에 참여한 것으로 알려져 있다. 블랙서클 위스키는 스코틀랜드 스페이사이드 및 하이랜드 지역에서 생산된 몰트위스키와 그레인위스키를 블렌딩하여 만들었으며, 19,000원이라는 비교적 저렴한 가격에 재공하여 가성비를 중시하는 소비자들에게 큰 호응을 얻고 있다.

위스키를 출시하지는 않았지만, 그룹 다비치 강민경은 위스키 마니아로 유명하다. 강민경은 자신의 유튜브 채널 '걍밍경'에서 '히비키 21년'으로 하이볼을 만듬기도 하고, 일본 위스키 '히비키 30년'을 보유하고 있다고 소개하는 영상을 올리기도 했다. 강민경은 영상에서 자신의 위스키 술 장을 공개하기도 했는데 히비키 30년뿐만 아니라 라프로익 25년, 글렌모렌지 시그넷, 카발란 솔리스트 포트 캐스크,

글렌피딕 21년 등이 등장했다. 그리고 '걍밍경' 채널에서 같은 다비치 멤버 이해리와 함께 곱창을 먹으며 '발베니 25년 레어 메리지Balvenie 25 Year Old Rare Marriages'와 프랑스 싱글 몰트위스키인 '미쉘 쿠브어 인트라바간자Michel Couvteur Intravaganza CS'를 마시기도 했는데, 이 영상으로 인해 '미쉘 쿠브어 인트라바간자 CS'가 큰 인기를 끌기도 했다.

히비키 30년

04. 무라카미 하루키가 쓴 '위스키 성지여행'의 무대는 어디?

무카라미 하루키의 '만약 우리의 언어가 위스키라고 한다면'이란 책이 있다. 작가가 부인 요오코와 함께 스코틀랜드와 아일랜드의 위스키를 경험한 2주간의 여행기이다. 이 책의 주 무대가 된 곳이 바로 스코틀랜드의 아일라섬이다. 하루키는 아일라섬을 '싱글 몰트위스키의 성지'라고 칭했다. 이 '성지'라는 단어 때문에 수많은 사람이 방문하기도 힘든 이 작은 섬에 몰리고 있다.

크기는 제주도의 3분의 1이고 섬 주민은 약 3,000명인데, 농사를 짓는 일부를 제외하고 대부분 위스키 산업에 종사한다. 축제가 열리는 여름이면 세계 각국에서 4만 명이 넘는 관광객들이 섬을 찾는다고 한다. 위스키 하나만 보고 아일라섬을 찾는 것이다. 아드벡, 라프로익, 라가불린 등 아일라섬의 위스키들은 피트향이 강한 위스키로 유명하다. 그래서 호불호가 강한 편이다.

아일라섬, 위키미디어 거먼즈

그런데 평소에 위스키 강의에서 발견한 재미있는 사실이 있다. 필자의 위스키 원데이 클래스에서는 보통 8종의 몰트위스키를 시음한다. 100% 버번 캐스크 숙성 위스키, 100% 셰리 캐스크 숙성 위스키, 버번 캐스크와 셰리 캐스크를 함께 사용한 위스키, 캐스크 스트렝스, 아일라 위스키 등 다양한 스타일의 위스키를 시음하는데, 수업을 마칠 때쯤 항상 가장 선호하는 위스키 3종을 물어본다.

남성이 아일라 위스키를 선호하는 경우는 거의 없다. 그런데 희한하게도 여성의 경우 아일라 위스키를 꼽는 경우가 많다. 처음에는 향이 낯설었지만, 시간이 지나면서 특이한 매력에 끌린다는 것이다. 이는 여성들이 다양한 향에 빠르게 적응하는 능력이 있기 때문일 수 있다.

아드벡 10년

라프로익 10년

라가불린 16년

02
세계 속 숨겨진 위스키

01. 영국 국왕 찰스 3세가 사랑한 위스키

찰스 3세Charles Windsor, 1948~ 영국 국왕의 라프로익Laphroaig 사랑은 널리 알려져 있다. 그의 라프로익 사랑은 단순한 취향을 넘어서, 역사적인 일화와 함께 더욱 특별한 이야기로 남아 있다.

1994년 6월 찰스 왕세자가 조종했던 경비행기가 아일라섬에 불시착했다. 그 결과 2시간 30분가량 체류하게 되었는데, 당시 사고로 발이 묶였던 왕세자가 방문한 인근 증류소가 바로 라프로익 증류소였다. 라프로익 위스키의 맛에 반한 찰스 왕세자는 라프로익 증류소에 왕세자의 '로열 워런트Royal Warrant'를 수여했다. 싱글 몰트위스키 중 찰스 3세로부터 로열 워런트를 받은 첫 사례였다.

찰스 왕세자는 이후에도 2008년, 2015년 두 차례나 더 라프로익 증류소를 방문했는데, 2008년 6월에는 자신의 60세 생일을 기념해서 부인 카밀라와 함께 다시 라프로익 증류소를 방문했고, 2015년에는 라프로익 증류소 설립 200주년을 축하하기 위해 다시 증류소를 방문했다.

2023년 11월 윤석열 대통령이 한영 수교 140주년을 맞아 찰스 3세 영국 국왕의 초청으로 영국을 국빈 방문했을 때 찰스 3세 국왕이 선물한 위스키는 1997년에 증류해서 27년 숙성된 라프로익이라고 한다.

　라프로익은 게일어로 '넓은 만灣 옆 아름다운 공간'을 뜻하며, 현재 일본의 산토리 홀딩스의 자회사인 '산토리 글로벌 스피리츠Suntory Global Spirits'가 소유하고 있다.

라프로익 15년

02. 위스키에 관한 명언(속담)

🛢 작가들의 위스키 찬가

사랑이 세상을 움직인다고? 천만에. 위스키는 두 배 더 빠르게 세상을 움직인다(Love makes the world go round? Not at all. Whisky makes it go round twice as fast).

- 콤프턴 매켄지(Compton MacKenzie)

위스키는 액체로 된 햇빛이다(Whisky is liquid sunshine).

- 조지 버나드 쇼(George Bernard Shaw)

만약 천국에서 버번을 마실 수 없고, 시가를 피울 수 없다면, 나는 가지 않겠다(If I cannot drink bourbon and smoke cigars in heaven, then I shall not go).

- 마크 트웨인(Mark Twain)

뭐든지 과하면 나쁘지만, 좋은 위스키는 과하게 마셔도 충분하지 않다(Too much of anything is bad, but too much good whisky is barely enough).

- 마크 트웨인(Mark Twain)

나쁜 위스키는 없다. 단지 조금 덜 좋은 위스키가 있을 뿐이다(There is no bad whiskey. There are only some whiskeys that aren't as good as others).

- 레이먼드 챈들러(Raymond Chandler)

나쁜 위스키란 없다. 단지 몇몇 위스키가 다른 것보다 더 나을 뿐이다(There is no such thing as bad whisky. Some whiskies just happen to be better than others).

- 윌리엄 포크너(Willian Faulker)

내 경험상 거래에 필요한 도구는 종이, 담배, 음식, 그리고 약간의 위스키이다(My own experience has been that the tools I need for my trade are paper, tobacco, food, and a little whisky).

- 윌리엄 포크너(Willian Faulker)

🛢 정치가들의 위트 있는 한 마디

물은 마시기에 적합하지 않았다. 맛있게 만들기 위해, 우리는 위스키를 첨가해야 했다. 열심히 노력한 덕분에 좋아하는 법을 배웠다(The water was not fit to drink. To make it palatable, we had to add whisky. By diligent effort, I learned to like it).

- 윈스턴 처칠(Winston Churchill)

헛소리 그만하고 위스키나 마셔(Stop your nonsense and drink your whiskey).

- 재커리 테일러(Zachary Taylor)

🛢 예술가들의 위스키 사랑

신이시여, 저는 가끔 제 이름이 이고르 스트라-위스키라고 생각을 할 만큼 스카치위스키 마시는 것을 좋아합니다(My God, so much I like to drink Scotch that sometimes I think my name is Igor Stra-whisky).

- 이고르 스트라빈스키(Igor Stravinsky)

행복은 레어로 구워진 스테이크, 위스키 한 병, 그리고 그 레어 스테이크를 먹을 개를 갖는 것이다(Happiness is having a rare steak, a bottle of whisky, and a dog to eat the rare steak).

- 자니 카슨(Johnny Carson)

나는 150세까지 살고 싶지만 죽는 날에는 한 손에 담배, 그리고 다른 한 손에는 위스키 한 잔과 함께하면 좋겠다(I wish to live to 150 years old, but the day I die, I wish it to be with a cigarette in one hand and a glass of whisky in the other).

- 에바 가드너(Ava Gardner)

🛢 스코틀랜드와 아일랜드의 위스키 속담

오늘의 비가 내일의 위스키가 된다(Today's rain is tomorrow's whisky).

- 스코틀랜드 속담

위스키로 낫지 않는 병은 그 무엇으로도 고칠 수 없다(What whisky will not cure, there is no cure for).

- 아일랜드 속담

03. 가짜 위스키와 RFID 태그

현행 '주류의 반출·판매 등에 관한 명령위임 고시'에 따르면 유흥음식업자 등 주류소매업자에게 판매하는 위스키 및 위스키를 주요 원료로 사용하는 주류는 RFID Radio Frequency Identification, 무선주파수 인식 태그를 의무적으로 부착해야 한다.

'RFID 태그 부착 제도'는 가짜 위스키 및 무자료 주류 유통을 막기 위해 2008년 시범사업을 거쳐 2010년부터 단계적으로 도입되었으며, 2012년 하반기부터 전면 시행이 되었는데, 최근에는 제도의 실효성 부족으로 제도가 유명무실하다는 지적도 제기되고 있다. 국내 위스키 시장이 성숙해지면서 가짜 위스키에 대한 수요가 거의 사라졌고, 단속 효과마저 미미하다는 지적이 나온다.

2024년 9월 30일 자 매일경제 기사에 의하면 서울 용산구 이태원역 인근의 한 편의점에서 RFID 태그가 부착되지 않은 수입 주류가 버젓이 판매되고 있는 사실이 적발되었다. 뒷면 라벨에 한글 표시 사항 역시 적혀 있지 않았다는 것으로 보아 정식 통관 절차를 거치지 않은 제품으로 추정된다.

RFID 태그

한글 라벨

04. 위스키가 비싼 이유가 '종가세' 때문이라는데

현행 세금 체계는 출고가가 높을수록 세금이 더 많이 부과되는 '종가세' 방식이다. 현재 경제협력개발기구^{OECD} 회원국 중 30개국 이상이 종량세를 채택하고 있다. 1949년 주세법 제정 당시 종량세를 채택했던 우리나라는, 1968년 주류 소비 억제와 세수 확대를 위해 종가세 체계로 전환했다. 현행법에 따르면 위스키는 출고가를 기준으로 주세(72%), 교육세(주세의 30%), 부가세(10%)가 붙는다. 여기에 유통 마진이 더해진 금액이 최종 판매가격이 된다.

이를 알코올 도수에 비례해서 과세하는 '종량세'로 바꾸면 위스키 가격이 낮아지면서 가격 경쟁력이 높아진다는 주장이 꾸준히 제기되고 있다. 종량세가 도입되면, 알코올 도수가 같은 10만 원짜리 위스키와 50만 원짜리 위스키에는 동일한 세금이 부과된다.

다만 위스키를 종량세로 전환할 경우, 소주 가격이 오를 수 있다는 우려도 있다. 정부는 소주와 위스키가 증류주로 함께 묶여 있어 종량세로 바꾸게 되면 결국 소주 세율을 대폭 올리거나 위스키 세율을 대폭 낮춰야 하는데, 소주 세율을 대폭 인상하는 것은 현실적으로 어렵고, 위스키 세율을 낮추는 것도 국익 차원에서 바람직하지 않다는 입장이다.

한편 가까운 일본의 경우에는 알코올 도수에 따라 각각 다른 세율을 적용하고 있어, 우리 역시 다양한 과세 방안 고려해봐야 할 듯하다.

05. 가짜 위스키 제조에 사용된 전설의 캪틴큐

캪틴큐$^{Captain\ Q}$는 1980년 1월 롯데주조(현 롯데칠성음료 주류부문)에서 출시했는데, 많은 분들이 위스키 혹은 럼으로 알고 있으나, 실제로는 럼^{Rum} 원액의 일부에 주정과 각종 첨가물(감미료, 색소, 향료 등)이 들어간 '기타재제주^{其他再製酒}'였다. 이후 1991년에는 원가 절감을 위해 럼 원액조차 빠지면서 일반증류주가 된다.

캡틴큐는 2015년에 생산이 중단되었는데, 캡틴큐가 가짜 위스키 제조에 자주 사용되며 사회적 논란이 일었기 때문이다. 서울 강남 일대 유흥업소에 가짜 양주를 판 일당이 검거되었는데, 이 일당이 가짜 양주 제조에 사용한 술이 캡틴큐라고 한다. 유흥업소 종사자에 따르면 손님이 남긴 술을 모아 가짜 양주를 만들기도 한다고 한다.

캡틴큐 이전에도 가짜 위스키는 많았다. 백화양조의 죠지 드레이크George Drake, 베리나인의 베리나인골드Valley9 Gold, 해태주조의 드슈De Siou, 진로의 길벗Gilbert 등이 위스키로 포장했지만 사실 기타재제주(양조주나 증류주를 원료로 알코올, 당분, 향료 따위를 혼합하여 빚은 술)였다. 1975년 백화양조에서 출시한 죠지 드레이크는 당시 '스캇치 위스키의 귀족', '정통 스캇치 위스키'라고 홍보했지만, 실상은 19.9%의 위스키 원액이 포함된 제품이었다. 법적으로 '위스키'라는 이름을 쓰려면 원액 함량이 20%가 넘어야 하는데 20%를 넘으면 세금이 200%였다.

그래서 당시 세금 때문에 19.9%의 원액만 넣어서 법적으로 위스키가 아닌 기타재제주였음에도 위스키인 것처럼 홍보하다 국세청과 검찰이 세무조사에 나서면서 1977년 단종되었고, 이후 베리나인이 출시된다.

국내 최초 위스키 원액 100%를 사용한 정통 스카치위스키는 1984년 7월 오비씨그램을 통해 출시된 시바스 브라더스사의 블렌디드 위스키인 패스포트이다. 영국 정부에서 이 제품부터 공식적으로 '스카치위스키'란 타이틀 사용을 허가했다. 1994년에는 국내 시장 점유율이 무려 49.3%였다고 한다. 패스포트는 2020년에 드링크 인터내셔널이 뉴트로New+Retro 트렌드를 반영해 새롭게 출시하기도 했다.

캡틴큐, 위키미디어

03
세계를 뒤흔든 위스키

01. 세계에서 가장 비싼 위스키(feat. 발레리오 아다미)

2024년 기준 가장 비싼 위스키는 '맥캘란 1926년산'이다. 2023년 11월 런던 경매회사 소더비에서 이탈리아 화가 발레리오 아다미^{Valerio Adami, 1935~}의 라벨이 붙은 맥캘란 1926년산이 2,187,500파운드(약 35억 원)에 낙찰됐다. 맥캘란 1926년산은 1926년 증류돼 셰리 캐스크에서 60년 동안 숙성된 후 1986년 40병 한정판으로 출시되었고, 맥캘란의 최고 고객들에게 제공된 것으로 알려졌다.

40병에는 각각 다른 라벨이 부착되어 있는데, 2병에는 라벨이 없고, 14병에는 파인앤레어 라벨이, 12병에는 영국 록 그룹 비틀즈의 앨범 표지 기획자로 유명한 팝 아티스트 피터 블레이크^{Peter Blake, 1932~}의 라벨이, 나머지 12병에는 발레리오 아다미의 라벨이 붙어 있다. 즉, 아다미 라벨은 전 세계에 총 12병밖에 없는데, 그중 하나는 2011년 3월 동일본 대지진 때 깨졌고, 또 한 병은 일본 도쿄^{東京}에 있는 '네모^{Nemo}' 바에서 잔술(약 3,000만 원)로 판매했다는 소문이 있었다. 나머지 병들의 행방은 확인하기 어렵다.

맥캘란 1926년산

02. 스카치위스키를 가장 많이 마시는 나라는 의외로!

위스키 1위 생산국은 스코틀랜드이다. 2024년 기준 연간 54억 파운드, 14억 병(700mL 기준), 즉 1초당 44병의 스카치위스키가 전 세계 160여 개국으로 수출되고 있다. 전체 스카치위스키 중 싱글 몰트위스키는 수출액 기준으로 31%(17억 파운드), 수출량 기준으로 9%(1억 2천 7백만 병)를 차지하고 있다. 국가별로 보면 수출액을 기준으로 미국, 프랑스, 싱가포르, 대만, 인도 순이고, 수출량을 기준으로 인도, 프랑스, 미국, 일본, 스페인 순이다. 수출액 기준으로 29%를 점유하고 있는 아시아-태평양 Asia-Pacific 지역도 상당히 중요하다는 것을 알 수 있다. 2024년 기준 스카치위스키 수출 현황은 다음의 표와 같다.

순위	수출액(Value)		수출량(Volume)	
	국가	2023년 대비	국가	2023년 대비
1	미국	▽-1%	인도	▲15%
2	프랑스	▽-12%	프랑스	▲2%
3	싱가포르	▽-18%	미국	▲4%
4	대만	▽-13%	일본	▲23%
5	인도	▲14%	스페인	▲2%
6	스페인	▲6%	독일	▽-6%
7	일본	▲7%	브라질	▲23%
8	튀르키예	▲37%	폴란드	▲6%
9	독일	▽-14%	튀르키예	▲14%
10	중국	▽-32%	중국	▽-2%

출처: 스카치위스키 협회(SWA)

03. 재미로 보는 MBTI 위스키 궁합

한동안 혈액형별 성격이 유행했던 것처럼, 최근에는 MBTI별 성격 유형에 대한 관심이 뜨겁다. MBTI의 정확도에 대해서는 다양한 의견이 있고, 일부에서는 그 신뢰성에 의문을 제기하기도 한다. 하지만 처음 사람을 만날 때 가벼운 대화 소재로 삼기에 나쁘지 않은 것 같다. MBTI별 위스키 궁합도 너무 진지하게 받아들이지 말고, 가볍게 읽기 바란다. 같은 MBTI 유형이라도 사람마다 취향은 다를 수 있고, 위스키 경력에 따라 선호하는 스타일이 달라질 수밖에 없다.

03-1. 관리자형(ISTJ, ISFJ, ESTJ, ESFJ)

* ISTJ(현실주의자)

가족과 친구에게 충성스럽고 헌신적이며 약속을 중시하는 ISTJ(현실주의자)에게는 닛카 싱글몰트 요이치를 추천한다. '일본 위스키의 아버지'로 불리는 타케츠루 마사타카가 설립한 닛카 위스키는 정통 스카치 스타일을 추구한다.

* ISFJ(수호자)

주변 사람을 보호할 준비가 되어 있는 헌신적이고 따뜻한 성격의 ISFJ(수호자)에게는 킹스맨의 위스키 달모어 12년을 추천한다. 특유의 사슴 엠블럼이 인상적인 달모어는 맥켄지 가문에서 사냥 도중 스코틀랜드 왕의 목숨을 구한 대가로 왕실의 상징인 수사슴 문장을 사용할 수 있게 허락받았다.

* ESTJ(경영자)

사물과 사람을 관리하는데 뛰어난 능력을 지닌 성격의 ESTJ(경영자)에게는 세계 1위의 싱글 몰트위스키 글렌피딕 21년을 추천한다.

* ESFJ(집정관)

배려심이 넘치고 항상 다른 사람을 도울 준비가 되어 있는 성격으로, 인기가 많고 사교성 높은 마당발인 ESFJ(집정관)에게는 1800년대 로우랜드의 여왕으로 알려졌던 블라드녹 14년 올로로소 셰리 캐스크를 추천한다. 게일어로 '꽃이 피는 장소'라는 의미의 블라드녹은 2019년 맥캘란 증류소의 마스터 디스틸러였던 닉 새비지를 영입함으로써 전 세계의 주목을 받고 있다.

03-2. 분석가형(INTJ, INTP, ENTJ, ENTP)

* INTJ(전략가)

모든 일에 계획을 세우며 상상력이 풍부한 성격인 INTJ(전략가)에게는 대만 위스키 카발란 솔리스트 올로로소 셰리 캐스크 스트렝스를 추천한다. 카발란은 대만 산 쌀과 현지 물을 사용해 동양적인 부드러움을 살렸고, 아열대 기후에 맞춰 숙성 방식을 조정했으며, 현지 소비자의 입맛에 맞는 다양한 제품을 선보이는 등 끊임없이 차별화를 꾀하고 있다.

* INTP(논리술사)

지식을 끝없이 갈망하는 혁신적인 발명가인 INTP(논리술사)에게는 발베니 캐리비안 캐스크 14년을 추천한다. 발베니는 캐스크 피니시 기법을 최초로 개발했다.

* ENTJ(통솔자)

항상 문제 해결 방법을 찾아내는 성격으로, 대담하고 상상력이 풍부하며 의지가 강력한 지도자인 ENTJ(통솔자)에게는 맥캘란 18년 셰리 오크를 추천한다. 맥캘란은 식스필러라는 독특한 정신적인 배경을 지니고 있으며, 그중 마스터리는 유산, 장인정신, 창의성, 탁월함에 대해 타협하지 않는 헌신 등을 의미한다.

* ENTP(변론가)

지적 도전을 즐기는 영리하고 호기심이 많은 사색가인 ENTP(변론가)에게는 크래겐모어 12년을 추천한다. 크래겐모어는 철도를 이용해서 원재료를 가져오고, 위스키를 운송한 최초의 스페이사이드 증류소였고, 바닥이 평평한 증류기를 사용하여 증류한다.

03-3. 외교관형(INFJ, INFP, ENFJ, ENFP)

* INFJ(옹호자)

차분하고 신비한 분위기를 풍기는 성격으로, 다른 사람에게 의욕을 불어넣는 이상주의자인 INFJ(옹호자)에게는 위스키 평론가 마이클 잭슨에 의해 '스페이사이드의 숨겨진 별'이라고 불리는 스페이사이드 싱글 몰트위스키 링크우드 12년을 추천한다. 스페이사이드에서 가장 가볍고 경쾌하며 섬세한 위스키로 유명한 링크우드 12년은 과일과 꽃향기로 가득해서 정원을 연상시키는 위스키이다.

* INFP(중재자)

항상 선을 행할 준비가 되어 있는 부드럽고 친절한 이타주의자인 INFP(중재자)에게는 밸런스가 좋고 부드러운 싱글 몰트위스키 싱글톤 더프타운 12년을 추천한다.

* ENFJ(선도자)

청중을 사로잡고 의욕을 불어넣는 카리스마 넘치는 지도자인 ENFJ(선도자)에게는 풀보디이고 복합적인 싱글 몰트 스프링뱅크 10년을 추천한다. 스프링뱅크 증류소가 위치한 캠벨타운은 한때 30개가 넘는 증류소가 있었고, 빅토리아 시대에는 '세계의 위스키 수도'로 불렸다.

* ENFP(활동가)

열정적이고 창의적인 성격으로, 긍정적으로 삶을 바라보는 사교적이면서도 자유로운 영혼의 소유자인 ENFP(활동가)에게는 강렬한 맛과 향을 지닌 와일드 터키 레어 브리드를 추천한다. 병입 전 물로 희석하지 않아 58.4%의 배럴 프루프 버번위스키인 와일드 터키 레어 브리드는 마스터 디스틸러인 지미 러셀이 만든 걸작 중 하나로 와일드 터키의 대담한 개성을 잘 드러내고 있다.

03-4. 탐험가형(ISTP, ISFP, ESTP, ESFP)

* ISTP(장인)

대담하면서도 현실적인 성격으로 모든 종류의 도구를 자유자재로 다루는 성격인 ISTP(장인)에게는 아일라섬 유일의 독립 가족 경영 증류소로서 보리 재배부터 숙성과 병입까지 모든 과정이 이루어지는 킬호만 증류소에서 생산되는 킬호만 마키어 베이를 추천한다.

* ISFP(모험가)

항상 새로운 경험을 추구하는 유언히고 매력 넘치는 예술가인 ISFP(모험가)에게는 글렌알라키 15년을 추천한다. 글렌알라키는 2017년 빌리 워커가 인수한 이후 신흥 싱글몰트 브랜드로서 명성에 얽매이지 않고 품질 혁신을 거듭하고 있다.

* ESTP(사업가)

위험을 기꺼이 감수하는 성격으로, 영리하고 에너지 넘치며 관찰력이 뛰어난 성격인 ESTP(사업가)에게는 일본 위스키 야마자키 12년을 추천한다. 야마자키는 2015년 짐 머레이의 '위스키 바이블'에서 세계 최고의 위스키로 선정될 정도로 인정받고 있다.

* ESFP(연예인)

즉흥적이고 넘치는 에너지와 열정으로 주변 사람을 즐겁게 하는 성격인 ESFP(연예인)에게는 아일라 싱글 몰트위스키 아드벡 10년을 추천한다. 아드벡은 세상에서 가장 피트 향이 강하고 스모키한 위스키 중 하나로 수많은 팬을 보유하고 있다.

04. 무알코올 위스키 시장이 열리고 있다.

'위스키'라는 단어에서 가장 먼저 떠오르는 이미지는 무엇일까? 향기롭지만 강한 알코올의 기운, 세월을 담은 오크통의 깊은 향, 그리고 어느새 얼굴이 후끈 달아오르는 따뜻한 느낌일 것이다. 하지만 최근 몇 년 사이, 이런 위스키의 정체성에 작은 반란이 일어났다. 바로 무알코올 위스키의 등장이다.

물론 위스키 마니아 입장에서는 '알코올이 없는데 그게 무슨 위스키냐?'고 반문할 수도 있다. 하지만 선천적으로 술이 약한 사람, 금주 중이지만 위스키의 향을 즐기고 싶은 사람, 운전을 해야 하는 사람, 임산부나 수유 중인 사람들에겐 안전하게 위스키의 향과 분위기를 즐길 수 있는 훌륭한 대안이 되고 있다.

무알코올 위스키는 실제 위스키처럼 몰트, 오크, 바닐라, 캐러멜, 스파이스와 같은 향이 나지만, 알코올 도수는 0.5% 미만 혹은 완전히 제로(0.00%)이다. 이 음료들은 실제 증류 없이 조향 방식으로 만들거나, 증류 후 알코올을 제거하는 공정을 거친다. 세계적으로 알려진 대표 브랜드 및 제품으로는 Lyre's(호주)의 American Malt, Monday(미국)의 Whiskey Style, Ritual Zero Proof(미국)의 Whiskey Alternative, Free Sprits(미국)의 The Spirit of Bourbon 등이 있다. 이제 위스키는 단순히 취하기 위한 '술'이 아니라 '경험'이 되고 있다.

[한눈에 보는 위스키 MBTI]

ISTJ

ISFJ

ESTJ

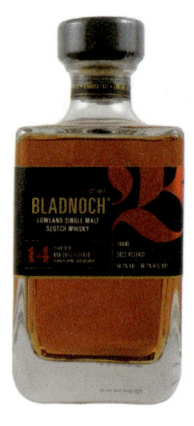
ESFJ

INTJ

INTP

ENTJ

ENTP

| ISTJ | ISFJ | ESTJ | ESFJ |

| ISTP | ISFP | ESTP | ESFP |

PART Ⅲ. 위스키 알쓸신잡(TMI)

05. 한국 위스키의 미래를 위한 한 마디!!

사실 K-위스키는 이제 걸음마 단계이다. 가깝게는 일본이나 대만을, 멀게는 스코틀랜드의 스카치위스키나 미국의 버번위스키를 벤치마킹해야 한다. 그들이 어떻게 살아남았고, 어떻게 위스키 산업을 발전시켜 왔으며, 어떻게 해외에 마케팅하고 수출했는지를 연구해야 한다.

가장 먼저 품질이 좋아야 한다. 품질이 뒷받침되어야 스토리텔링, 마케팅 등이 효과를 발휘할 수 있다. 스카치위스키나 버번위스키 등과 경쟁이 가능할 정도의 품질이 우선이다. 다음으로 차별화가 중요하다. 같아서는 이기기 어렵다. 세계적인 품질을 만들면서도 한국 위스키만의 독창성이 있어야 한다.

카발란의 경우 대만산 쌀과 현지 물을 사용해 동양적인 부드러움을 살렸고, 아열대 기후에 맞춰 숙성 방식을 조정했으며, 현지 소비자의 입맛에 맞는 다양한 제품을 선보였다. 이 과정에서 해외 전문가의 도움이 필요할 수도 있다.

대만 위스키 카발란이 성장할 수 있었던 데에는 위스키 업계에서 오랜 경험을 지닌 짐 스완 Jim Swan 박사의 도움이 큰 역할을 했다. 스완 박사는 대만의 독특한 기후 조건을 반영한 맞춤형 생산 방식을 개발하였고, 이를 통해 카발란은 다른 위스키와는 차별화된 독특한 맛을 구현할 수 있었다.

그리고 다양한 소비자를 타깃으로 하는 제품 포트폴리오를 구성하고, 경쟁 업체들과 차별화되는 독창적인 브랜드 스토리텔링이 필요하다. 증류소 투어, 시음 프로그램은 물론이고 소비자의 감성을 충족시키는 다양한 체험 프로그램을 마련하는 것도 중요하다. 소비자는 어떤 경험을 하는지에 관심이 많다.

아울러 다양한 음용 방법을 소비자에게 제시해야 한다. 모든 술은 가장 맛있는 온도, 글라스, 안주, 상황이 있고, 마시는 방법도 니트Neat, 물Water, 얼음Ice, 칵테일(하이볼) 등 다양하다. 특히 서양인들은 칵테일에 아주 익숙하다. 스카치 혹은 버번 위스키 증류소 홈페이지를 보면 대부분 다양한 칵테일(하이볼) 레시피를 가지고 있다. 한국의 독특한 식재료를 활용한 레시피라면 더욱 좋을 것이다.

한편, K-위스키에 대한 국제적인 인지도도 꾸준히 쌓아나가야 한다. 이를 위해 지속적으로 해외 유명 품평회(대회)에 출품해 수상하는 것이 아주 중요하다. 이런 수상 실적 또한 제품에 대한 스토리가 될 수 있으며, 제품을 판매하는 입장에서는 수상 실적과 같은 셀링(마케팅) 포인트가 필요하다.

마지막으로, K-위스키 시장이 커지기 위해서는 주세가 바뀌어야 한다. 현재의 과세 방식인 종가세(가격에 비례해 붙는 과세)로는 질 좋은 위스키를 생산하기 어렵다. 종가세 방식에서는 값비싼 원재료를 사용해서 원가가 늘면 세금이 늘어나게 되므로 고급화가 어렵다. 현실적으로 당장 어렵다면 단계적으로라도 종량세(양이나 도수에 비례해 붙는 과세)로 바꿔야 한다.

K-위스키의 발전과 세계화를 응원한다.

04
위스키로 보는 세상

부록 1 : 위스키 용어
위스키 용어를 알면 위스키가 보여요.

Angel's Share(엔젤스 셰어)

'천사의 몫'이란 뜻으로, 위스키가 창고에서 숙성될 때 통에서 자연스럽게 증발하는 알코올을 말한다. 스코틀랜드와 아일랜드에서는 매년 통에 든 내용물의 1~2%씩 증발하고, 미국 켄터키에서는 3~5%씩 증발하는데, 숙성하는 통의 종류와 크기, 기후(온도, 습도 등)에 따라 달라질 수 있다. 따뜻한 기후를 가진 나라일수록 '천사의 몫'이 더 많아진다.

ABV(Alcohol by volume)

알코올음료(술)에서 부피당 에탄올의 양을 백분율(%)로 나타낸 것이다. 예를 들어, 700mL 용량의 위스키 알코올 도수가 40% ABV라면, 전체 용량 700mL의 40%인 280mL가 알코올이란 뜻이다. 스카치위스키의 알코올 함량은 최소 40% 이상이어야 한다.

Barrel(배럴)

주로 버번위스키 숙성에 사용되는 200리터 정도 크기의 통이고, 아메리칸 화이트 오크 American white oak를 사용해서 만든다.

배럴, 글렌스코샤

Batch(배치)

한 번에 생산되는 위스키의 최소 생산 단위이다. 같은 배치에서 나온 위스키는 서로 같은 향과 맛을 지니고 있으며, 보통 배치 넘버 Batch Number가 붙는다. 위스키 이외의 다른 주류에서도 종종 사용하는 용어이다. 특히 스카치위스키에서는 한정판의 의미가 강하다.

Butt(버트)

보통 셰리 와인 숙성에 많이 사용하는 약 500리터 용량의 큰 통이다.

Cask(캐스크)

위스키를 숙성하는 나무통을 뜻한다. 전통적으로 참나무^{oak}로 만들어지는데, 주로 미국산, 유럽산, 일본산 참나무가 사용된다. 통의 크기에 따라 이름이 달라지는데 배럴(200리터)과 혹스헤드(250리터)가 가장 많이 사용된다. 일반적으로 통의 크기가 작을수록 숙성이 빨라진다.

Cask Finish(캐스크 피니시)

최종 숙성 단계에서 추가로 맛을 내기 위해 통을 바꾸는 것을 의미한다. 숙성 과정의 연장으로 보통 6개월~2년 사이지만, 법적으로 정해진 기간이 있는 것은 아니다. 오늘날 위스키에 널리 사용되는 기법인 캐스크 피니시는 발베니의 명예 앰버서더이자 전 몰트 마스터인 데이비드 스튜어트$^{David\ C.\ Stewart\ MBE}$가 처음 시도하고 완성했다. 캐스크 피니시에는 셰리, 럼, 코냑, 토카이, 포트, 소테른 등 다양한 통이 사용된다.

Cask Strength(캐스크 스트렝스)

'배럴 프루프$^{Barrel\ Proof}$'라고도 불린다. 위스키 숙성 통 속의 원액에 물을 첨가해 희석하지 않고 그대로 병입한 제품을 의미한다. 숙성 연수에 따라서 보통 50%~65% ABV 사이인데(간혹 50% 미만인 경우도 있음), 일반적으로 나이가 어린 위스키의 알코올 도수가 더 높다.

캐스크 스트렝스

Charring(차링)

탄화^{炭化}라는 뜻으로, 위스키 숙성용 통의 내부를 직화로 태워 까맣게 만드는 과정이다. 이 과정을 거쳐 위스키를 채웠을 때 나무 안의 천연 화합물이 빠르게 밖으로 나오게 하고, 나무의 당분이 캐러멜화되며, 리그닌^Lignin의 양을 증가시켜 위스키에 바닐라 향을 더해준다.

숯 층은 필터 역할을 해서 황^Sulfur과 같은 원치 않는 풍미를 제거한다. 특히, 차링 정도에 따라 숙성 과정에서 나무에서 위스키로 전달되는 풍미를 조절할 수 있다. 특히 버번 산업에서는 태우는 시간과 정도에 따라 네 가지 등급으로 나누는데, No. 1은 15초, No. 2는 30초, No. 3은 35초, No. 4는 55초^Alligator Char로 구분한다.

Chill Filtration(칠 필트레이션)

'냉각 여과'라는 의미로, 위스키 병입 전에 냉각시킨 후 필터를 통과시켜 지방산, 단백질, 에스테르 등을 제거하는 과정이다. 보통 얼음을 넣어 위스키를 차갑게 하거나, 물로 희석했을 때 위의 성분들 때문에 뿌옇게 되는 현상^Whisky Haze을 막기 위해 시행된다. 알코올 함량 46% 이하의 위스키에서 주로 발생하며, 이런 현상이 특별히 위험을 초래하지는 않지만, 시각적인 부분에서 불편함을 유발할 수 있기에 대부분의 증류소에서는 냉각 여과를 통해 이런 성분들을 미리 제거하는 것이다. 일부 냉각 여과하지 않는 증류소에서는 논칠필터드^Non Chill-filtered 라고 표기한다. 냉각 여과는 위스키의 풍미와 미적인 부분과 관련해서 위스키 전문가와 마니아들 사이에서도 늘 논쟁이 있지만 결국 개인 취향의 문제이다.

논칠필터드

Condenser(콘덴서)

웜^Worm이라고도 부르는 응축기凝縮器이다. 증류를 통해 만들어진 증기는 증류기 본체에서 스완 넥^Swan Neck과 라인 암^Lyne Arm을 통해 응축기로 이동한다. 이 과정에서 증기는 냉각되어 액체로 변한다.

응축기는 셸 앤 튜브 응축기Shell-and-Tube Condenser와 웜 텁 응축기Worm-Tub Condenser 두 가지 타입이 있다. '웜 텁 응축기'는 '셸 앤 튜브 응축기'에 비해 증기와 구리의 접촉이 적어 더 무겁고 복합적인 스피릿을 만든다. 그러나 '웜 텁 응축기'는 구리 함량이 높아 더 빨리 마모되고, 공간과 물이 더 많이 필요하여 현재 대부분의 증류소에서는 '셸 앤 튜브 응축기'를 사용한다.

Cooper(쿠퍼)

위스키 숙성에 사용되는 통을 만들거나 수리하는 고도로 숙련된 사람을 의미한다. 이 예술과도 같은 작업을 쿠퍼링Coopering, 이 작업이 이루어지는 건물 혹은 오크 통 제작 업체를 쿠퍼리지Cooperage라고 부른다.

스페인 헤레스 테바사 쿠퍼리지, 맥캘란

Devil's Cut(데블스 컷)

숙성 중 오크통에 흡수되어 손실되는 소량의 위스키를 말한다. 엔젤스 셰어와 마찬가지로 숙성이 오래될수록 나무가 더 많은 위스키를 흡수한다.

Dram(드램)

위스키 한 잔, 혹은 한 모금을 의미한다. 'dram'이란 단어는 '동전coin' 혹은 '보물treasure'이라는 의미를 가진 고대 그리스어 'drakhme'에서 유래한다. 로마 시대에는 동전의 무게를 나타내는 라틴어 'dragma' 혹은 'dragme'로 바뀌었고, 이후 약의 무게를 나타내는 단위로 사용되었다.

영국의 극작가 셰익스피어William Shakespeare, 1564~1616의 '로미오와 줄리엣'에서도 '독약 한 잔a dram of poison'으로 언급이 된다.

"Let me have a dram of poison, such soon-speeding gear as will disperse itself through all the veins that the life-weary take may fall dead." - Romeo and Juliet

현재 'dram'과 'shot'은 종종 혼용해서 사용하고, 'dram'은 정확한 용량이 정해져 있지는 않으며, 지역에 따라 달라진다. 'dram'을 주문하면 보통 25~35mL 내외가 나온다. 보통 스코틀랜드에서는 'wee dram(한 잔)'이라고 하면 'shot'과 동일한 의미가 된다.

First-Fill(퍼스트 필)

스코틀랜드에서는 새 오크통을 쓰기보다는 오크통을 재사용한다. 버번위스키나 셰리 와인 등 다른 술을 담았던 통을 위스키 숙성에 처음으로 이용하는 경우 퍼스트 필First-fill이라고 한다. 장기 숙성을 위한 오크통은 세컨드 필이나 서드 필을 사용하기도 한다. 퍼스트 필은 오크통의 영향력이 너무 세기 때문이다. 그래서 증류소에서는 숙성 기간뿐만 아니라 오크통의 종류, 크기, 사용 횟수 등도 중요하게 생각한다.

Floor Malting(플로어 몰팅)

플로어 몰팅은 보리를 발아시킬 때 기계를 사용하지 않고 수작업으로 건조하는 방식이다. 바닥에 펼친 보리들이 발아될 수 있도록 사람이 삽으로 일일이 뒤집는다. 몸을 숙인 자세로 평생을 일한 몰트맨Maltman들은 뼈의 변형으로 고통을 받곤 했는데, 이 직업병을 몽키 숄더Monkey Shoulder라고 불렀다. 이들의 노고를 기리기 위해 2005년 '윌리엄그랜트앤선즈William Grant & Sons'에서 '몽키숄더' 위스키를 출시했으며, 처음 출시된 몽키숄더는 글렌피딕Glenfiddich, 발베니Balvenie, 키닌비Kininvie 세 증류소에서 생산된 원액을 블렌딩해 만들었다.

글렌(Glen)

스카치위스키 증류소 이름에는 스코틀랜드 토착어인 게일어가 많다. 그래서 증류소 이름 중에는 영어권 사람들은 물론 스코틀랜드 사람들도 발음하기 어려워하는 이름이 많은데, 브룩라디Bruichladdich, 부나하벤Bunnahabhain, 쿨일라Caol Ila 등이 대표적이다. 특히 글렌Glen이라는 단어는 계곡이란 뜻으로, 현재 가동 중인 스코틀랜드 증류소 이름에 글렌이 들어가는 곳이 20개가 넘는다.

Grist(그리스트)

건조가 끝난 맥아를 분쇄하여 가루를 말한다. 이후 매시턴Mash Tun에 넣고 온수를 섞어서 당화시킨다.

Haze(헤이즈)

위스키에 얼음이나 차가운 물을 넣으면 투명한 위스키가 뿌옇게 되는 현상을 말하며, 이는 위스키 속 고급 지방산의 응고 현상이다. 이 현상을 막기 위해 병입 전에 '냉각 여과Chill Filtration' 과정을 거친다. 헤이즈 현상은 인체에 무해하며, 위스키의 질이나 맛에는 큰 영향을 미치지 않는다. 다만 시각적으로 좋지 않기 때문에 1960년대 중반부터 위스키 생산자들은 냉각 여과 과정을 통해 위스키 원액에서 고급 지방산을 제거하고 병입을 하고 있다.

Hogshead(혹스헤드)

배럴과 함께 위스키 숙성에 가장 많이 사용되는 통으로, 대략 250리터 용량이다. 이름은 전통적으로 와인 용기의 재료였던 돼지가죽Hog's Hide에서 유래한 것으로 여겨진다.

Independent Bottling(인디펜던트 보틀링)

독립 병입. 독립 병입자Independent Bottler들이 증류소에서 원액(오크통)을 사서 본인들이 독립적으로 병입을 하는 것을 말한다. 보통 위스키의 블렌딩, 병입, 판매까지 모두 직접 진행한다. 대표적인 독립 병입자Independent Bottler에는, 블랙애더Blackadder, 카덴헤드Cadenhead's, 컴파스 박스Compass Box, 더글라스 랭Douglass Laing, 고든 앤 맥페일Gordon & MacPhail, 하트 브라더스Hart Brothers, 헌터 랭Hunter Laing, 프로비넌스Provenance, 사마롤리Samaroli, 산시바Sansibar, 스카치 몰트 위스키 소사이어티SMWS, 시그나토리Signatory, TBWCThat Boutique-y Whisky Company, TSCThe Single Cask, 위스키 에이전시The Whisky Agency 등이 있다.

일부 독립 병입자는 증류소를 매입하기도 하는데, 예를 들어 에드라두어 증류소를 소유하고 있는 시그나토리, 벤로막 증류소를 소유하고 있는 '고든 앤 맥페일' 등이다. 국내에서도 '달달위스키Daldal Whisky', '레거시 스피리츠Legacy Spirits', '위스키 내비Whisky Navi' 같은 독립 병입 브랜드가 생겨나고 있다.

Key Malt(키 몰트)

조니워커Johnnie Walker나 발렌타인Ballantine's과 같은 블렌디드 위스키Blended Whisky의 맛을 좌우하는 핵심 몰트위스키를 말한다.

Kiln(킬른)

맥아의 수분을 제거하여 건조하는 넓은 가마 공간을 뜻한다. 전통적으로는 맥아를 건조할 때 피트(이탄)를 사용하지만, 지금은 석탄이나 석유를 사용한다. 다만 일부 섬 지역 증류소는 스모키한 풍미를 내기 위해 여전히 피트를 사용한다.

Low wines(로우 와인)

로우 와인은 실제 와인이 아닌, 워시Wash를 첫 번째 증류해 얻은 알코올 도수가 약한 술을 의미한다. 증류 과정의 중간 생성물이라고 볼 수 있는데, 알코올 함량은 8~25% 정도이며, 이 상태에서는 불순물과 좋지 않은 화합물이 포함되어 있어 재증류를 통해 제거하는 과정을 거친다.

Malting(몰팅)

위스키를 만들 때 보리를 싹 틔워 건조하는 과정이 필요하다. 요즘은 거의 기계로 하지만, 과거에는 곡물을 큰 삽으로 뒤집으며 사람이 직접 작업했다.

몰팅, 스프링뱅크

Mashing(매싱)

곡물을 물과 섞어 가열하면서 전분을 당으로 바꾸는 과정이다. 이때 중요한 역할을 하는 것이 바로 단백질의 일종인 효소이다. 매싱 후, 발효를 통해 알코올로 바뀌게 된다.

Mash Tun(매시턴)

맥아즙을 만드는 통, 즉 당화조이다.

매시턴, 블레어 아솔

Master blender(마스터 블렌더)

위스키 블렌딩의 최고 책임자로서, 적절한 블렌딩을 통해 맛을 개발하고, 개발된 맛과 품질을 유지시키는 역할을 한다. 마스터 블렌더로서 가장 큰 역할은 위스키의 맛을 균일하게 유지하는 것이다. 그래서 타고난 후각과 미각을 지니고 있으며, 위스키 전반에 걸친 지식, 위스키 생산 과정과 관리까지 알아야 한다. 마스터 블렌더는 오케스트라의 지휘자라고 할 수 있다.

마스터 블렌더가 매일 엄청난 양의 샘플을 맛볼 것으로 생각하는 사람들이 많은데, 실제 작업은 대부분 코로 이루어진다. 2024년 방한한 페르노리카^{Pernod Ricard}의 마스터 블렌더인 샌디 히슬롭^{Sandy Hyslop}의 경우 일주일에 약 1,500개의 샘플을 다루지만, 직접 마셔보는 샘플은 보통 5~10개에 불과하다고 한다.

마스터 블렌더 샌디 히슬롭

Maturation(머츄레이션)

숙성. 스카치위스키는 700리터 이하 오크통에서 최소 3년 이상 숙성해야 한다. 위스키의 숙성은 통의 종류, 크기, 기간, 기후 등의 영향을 받는다. 위스키 맛을 좌우하는 가장 중요한 과정이다.

Milling(밀링)

제분. 맥아를 그리스트Grist로 만들기 위해 분쇄하는 과정을 의미한다.

NAS(나스)

'No Age Statement'의 준말로 숙성 연수 미표기 제품을 의미한다. 보통 위스키에는 숙성 연수가 표기되어 있는데, 블렌딩된 원액 중 가장 나이 어린 연수를 기준으로 한다. 숙성 연수가 12년인 경우, 블렌딩된 원액 중 가장 나이 어린 원액이 12년 된 원액이란 뜻이다. 전 세계적인 위스키의 유행으로 인한 원액 재고 부족 현상에 더해 품질이 좋은 위스키가 숙성 연도를 기준으로 판단되는 것을 피하고자 NAS 위스키가 판매되기 시작했는데, 최근에는 가성비가 좋고, 개성이 강한 NAS 제품이 젊은 세대에서 인기가 있다.

Natural Color(내추럴 컬러)

위스키에 캐러멜색소(E150a)를 사용하지 않아 자연스러운 위스키 색상을 의미한다. 스카치위스키는 법적으로 색소 사용이 허용된다. 캐러멜색소는 맛에는 영향을 미치지 않고, 색에만 영향을 준다.

내추럴 컬러

New Make(뉴 메이크)

뉴 메이크 스피릿^{New Make Spirit}이라고도 한다. 스피릿 스틸^{Spirit Still}에서 바로 나온 투명한 증류주로 아직 숙성하지 않은 상태이다. 오크통에서 최소 3년 이상 숙성하지 않았기 때문에 스코틀랜드에서는 법적으로 위스키라고 부를 수 없다. 미국에서는 화이트 도그^{White Dog} 혹은 문샤인^{Moonshine}이라고도 부른다.

Peat(피트)

피트는 석탄이 되기 전 단계인 '이탄^{泥炭}'을 의미하며 주로 해안가 습지에서 식물들이 썩지 않고 퇴적해서 만들어지는 유기 연료^{Organic Fuel}이다. 잔디, 헤더, 이끼와 같은 유기 물질의 압축된 층으로 만들어지며, 수천 년에 걸쳐 형성된다. 지역이나 기후에 따라 피트의 특성이 다르다. 피트는 주로 맥아(보리)를 건조할 때 사용하는데, 때로는 매싱^{Mashing} 공정이나 숙성 중 천연 방부제로도 활용된다.

피트 채취, 킬호만

PPM(피피엠)

'Parts Per Million백만분율'의 약자로 페놀 함량을 말한다. 수치가 높을수록 피트 향이 강해지며, 특히 아드벡, 라프로익 등 아일라섬의 위스키들이 PPM이 높기로 유명하다. 바비큐할 때 나는 훈연 향이라고 느끼는 사람도 있고, 병원 소독약 냄새로 비유되기도 한다.

Single Cask(싱글 캐스크)

굳이 블렌딩을 하지 않아도 충분히 상품 가치가 있는 경우에 하나의 캐스크에서 숙성된 위스키를 병입한 것을 의미한다. 물을 타서 도수를 조절할 수는 있지만, 다른 캐스크의 원액과 섞지는 않는다.

Spirits Safe(스피릿 세이프)

응축기Condenser에서 나온 스피릿을 통제하는 밀폐형 장치이다. 증류액의 알코올의 함량과 온도를 측정하고, 초류와 후류를 자르는 시점을 결정하는 역할을 한다. 세금 목적상 위스키 생산량을 관리하기 위해 설치되었으며, 1983년까지는 현지 세관Customs and Excise 직원이 열쇠를 보관했다.

더 글렌그란트 스피릿 세이프, 캄파리코리아

Steep(스티프)

보리에 싹을 틔우기 위해 사용되는 큰 용기. 이 용기에서 따뜻한 물에 보리를 담그면 발아가 진행되면서 효소가 생성된다.

스티프 비우기, 스프링뱅크

Toasting(토스팅)

토스팅과 차링Charring은 모두 오크통에 열을 가하여 화학적 구조를 변화시켜 최종 제품의 향과 맛에 영향을 미치는 과정이다. 차링이 직화로(높은 온도에서) 짧은 시간(30초 내외) 동안 태우는Burning 과정이라면 토스팅은 차링에 비해 낮은 온도에서 비교적 오랜 시간(10분 내외) 동안 가열하는Baking 과정이다. 즉, 토스팅과 차링은 나무에 가해지는 열의 양과 시간에 차이가 있다. 그래서 차링이 더 어두운 컬러와 더 스모키한 향과 맛을 만든다면, 토스팅은 더 밝은 컬러와 더 은은한 향과 맛을 만든다.

맥캘란

Warehouse(웨어하우스)

위스키 숙성 통을 쌓아두는 창고를 의미한다.

웨어하우스, 울프번

Wash(워시)

워트(당화액)를 식힌 후 워시백Washback이라 불리는 발효조에 넣고, 효모를 첨가해 발효시킨다. 이렇게 해서 만들어진 알코올 함량 약 8%의 액체를 워시라고 한다. 맥주와 유사하다고 생각하면 된다.

Washback(워시백)

증류소에서 발효를 위해 사용되는 큰 통을 워시백(발효조)이라고 한다. 이곳에서 효모를 맥아즙에 첨가하여 알코올을 생성하게 된다. 전통적으로 나무로 만들었지만, 요즘은 스테인리스 스틸로 만든다. 스테인리스 스틸이 나무에 비해 청소나 유지 관리가 더 쉽고, 온도 조절이 용이하며, 박테리아와 오염 물질로부터 더 안전하기 때문이다. 하지만 일부에서는 나무 워시백이 위스키의 풍미에 긍정적인 영향을 준다고 평가하기도 한다.

워시백, 토마틴

Wort(워트)

몰트malt를 분쇄해서 그리스트grist라 불리는 가루로 만든 후 매시턴mash tun, 당화조에 넣고 온수를 섞으면 효소에 의해 전분이 당으로 바뀌게 되는데, 이렇게 만들어진 액체(당화액)를 워트wort라고 부른다. 이후 워트에 효모를 넣어 발효시킨다.

부록 2: 현재 가동 중인 스카치위스키 증류소 리스트
지역별 정리표 (2024년 5월 기준)

현재 가동 중인 스카치위스키 증류소 리스트(2024년 5월 기준)

스카치위스키 지도

▶ **Islay (아일라) Malt**
1. Ardbeg (아드벡)
2. Ardnahoe (아드나호)
3. Bowmore (보모어)
4. Bruichladdich (브룩라디)
5. Bunnahabhain (부나하벤)
6. Caol Ila (쿨일라)
7. Kilchoman (킬호만)
8. Lagavulin (라가불린)
9. Laphroaig (라프로익)
10. Port Ellen (포트엘렌)

▶ **Campbeltown (캠벨타운) Malt**
11. Glen Scotia (글렌스코샤)
12. Glengyle (글렌가일)
13. Springbank (스프링뱅크)

▶ **Highlands (하이랜드) Malt**
14. 8Doors (에잇 도어즈)
15. Aberfeldy (애버펠디)
16. Arbike (아비키)
17. Ardmore (아드모어)
18. Ardnamurchan (아드나머칸)
19. Ardross (아드로스)
20. Balblair (발블레어)
21. Ben Nevis (벤 네비스)
22. Benbecula (벤베큘라)
23. Blair Athol (블레어 아솔)
24. BrewDog Distilling Co. (브루독 디스틸링 컴퍼니)
25. Brora (브로라)
26. Burn o'Bennie (번 오베니)
27. Clynelish (클라이넬리시)
28. Dalmore (달모어)
29. Dalwhinnie (달위니)
30. Deanston (딘스톤)
31. Dornoch (도녹)
32. Edradour (에드라두어)
33. Fettercairn (페터캐른)
34. Glen Garioch (글렌 기어리)
35. Glen Ord (글렌오드)
36. Glencadam (글렌카담)
37. Glendronach (글렌드로낙)
38. Glenglassaugh (글렌글라사)
39. Glengoyne (글렌고인)
40. Glenmorangie (글렌모렌지)
41. Glenturret (글렌터렛)
42. Glenwyvis (글렌와이비스)
43. Highland Park (하이랜드파크)
44. Isle of Arran (아일 오브 아란)
45. Isle of Harris (아일 오브 해리스)
46. Isle of Jura (아일 오브 주라)
47. Isle of Raasay (아일 오브 라세이)
48. Isle of Tiree (아일 오브 타이리)
49. Lagg (라그)
50. Loch Lomond (로크 로몬드)
51. Macduff (맥더프)
52. Nc'Nean (닉니언)
53. North Point (노스 포인트)
54. Oban (오반)
55. Orkney (오크니)
56. Pulteney (풀트니)
57. Royal Brackla (로얄 브라클라)
58. Royal Lochnagar (로얄 로크나가)

59. Scapa (스카파)
60. Strathearn (스트래언)
61. Talisker (탈리스커)
62. Teaninich (티니닉)
63. Tobermory (토버모리)
64. Tomatin (토마틴)
65. Torabhaig (토라베그)
66. Tullibardine (툴리바딘)
67. Uile-Bheist (일라베스트)
68. Wolfburn (울프번)

▶ Speyside (스페이사이드) Malt
69. Aberlour (아벨라워)
70. Allt a'Bhainne (알트어반녜)
71. Auchroisk (오크로이스크)
72. Aultmore (올트모어)
73. Ballindalloch (발린달록)
74. Balmenach (발메낙)
75. Balvenie (발베니)
76. BenRiach (벤리악)
77. Benrinnes (벤리네스)
78. Benromach (벤로막)
79. Braeval (브레이벌)
80. Cairn (케언)
81. Cardhu (카듀)
82. Cragganmore (크래겐모어)
83. Craigellachie (크라이겔라키)
84. Dailuaine (달유인)
85. Dalmunach (달무낙)
86. Dufftown (더프타운)
87. Dunphail (던페일)
88. Glen Elgin (글렌 엘긴)
89. Glen Grant (더 글렌그란트)
90. Glen Keith (글렌 키스)
91. Glen Moray (글렌 모레이)
92. Glen Spey (글렌 스페이)
93. GlenAllachie (글렌알라키)
94. Glenburgie (글렌버기)
95. Glendullan (글렌듈란)
96. Glenfarclas (글렌파클라스)
97. Glenfiddich (글렌피딕)
98. Glenlivet (더 글렌리벳)
99. Glenlossie (글렌로시)
100. Glenrothes (글렌로티스)
101. Glentauchers (글렌토커스)
102. Inchgower (인치고워)
103. Kininvie (키닌비)
104. Knockando (녹칸도)
105. Knockdhu (녹두)
106. Linkwood (링크우드)
107. Longmorn (롱몬)
108. Macallan (맥캘란)
109. Mannochmore (마녹모어)
110. Miltonduff (밀튼더프)
111. Mortlach (몰트락)
112. Roseisle (로즈아일)
113. Speyburn (스페이번)
114. Speyside (스페이사이드)
115. Strathisla (스트라스아일라)
116. Strathmill (스트라스밀)
117 Tamdhu (탐두)
118. Tamnavulin (탐나불린)
119. Tomintoul (토민타울)
120. Tormore (토모어)

▶ Lowland (로우랜드) Malt
121. Aberagie (애버래지)
122. Ailsa Bay (에일사 베이)
123. Annandale (애넌데일)
124. Auchentoshan (오켄토션)
125. Bladnoch (블라드녹)
126. Bonnington (보닝턴)
127. Borders (보더스)
128. Clydeside (클라이드사이드)
129. Crafty (크래프티)
130. Daftmill (다프트밀)
131. Eden Mill (이든밀)
132. Falkirk (폴커크)
133. Glasgow (글래스고)
134. Glenkinchie (글렌킨치)
135. Holyrood (홀리루드)
136. InchDairnie (인치데어니)
137. Jackton (잭턴)
138. Kingsbarns (킹스반스)
139. Lindores Abbey (린도어스 애비)
140. Lochlea (로클리)
141. Port of Leith (포트 오브 리스)
142. Rosebank (로즈뱅크)
143. Stirling (스털링)

▶ Grain Whisky (그레인 위스키)
144. Cameronbridge (카메론브리지)
145. Girvan (거번)
146. Invergordon (인버고든)
147. Loch Lomond Grain (로크 로몬드 그레인)
148. North British (노스브리티시)
149. Reivers (리비스)
150. Starlaw (스타로)
151. Strathclyde (스트라스클라이드)

참고문헌

1. 국내 · 외 참고 문헌
- 성중용, 위스키 수첩, 우듬지, 2010
- 케빈 R. 코사르, 위스키의 지구사, 휴머니스트, 2016
- 이종기 외, 증류주 개론, 광문각, 2015
- 전재구, 나합격 조주기능사, 삼원북스, 2025
- 전재구 외, 쉽고 재미있는 음료의 모든 것, 지식인, 2021
- 전재구 외, K-술과 칵테일, 백산출판사, 2025

2. 증류소 홈페이지
애버펠디, 아벨라워, 아드벡, 아드모어, 아란, 오켄토션, 올트모어, 발블레어, 발베니, 벤 네비스, 벤리악, 벤로막, 블라드녹, 보모어, 브루라디, 부나하벤, 클라이넬리시, 크라이겔라키, 달모어, 딘스톤, 에드라두어, 페터캐른, 글렌 기어리, 더 글렌그란트, 글렌 모레이, 글렌스코샤, 글렌알라키, 글렌카담, 글렌드로낙, 글렌파클라스, 글렌피딕, 글렌글라사, 글렌고인, 더 글렌리벳, 글렌모렌지, 글렌로티스, 하이랜드 파크, 아일 오브 라세이, 주라, 킬호만, 라프로익, 로크 로몬드, 롱몬, 맥캘란, 오반, 로즈뱅크, 로얄 브라클라, 스페이번, 스프링뱅크, 탐두, 탐나불린, 토버모리, 토마틴, 토민타울, 툴리바딘, 울프번, 제임슨, 부쉬밀, 버팔로 트레이스, 메이커스 마크, 와일드 터키, 에반 윌리엄스, 잭 다니엘스, 짐빔, 크라운 로얄, 캐나디안 클럽, 산토리(야마자키), 닛카(요이치, 미야기쿄), 카발란, 오마르, 기원

3. 기타
- 국가직무능력표준(NCS), http://www.ncs.go.kr
- 네이버 지식백과, https://terms.naver.com
- 디아지오 바 아카데미, https://www.diageobaracademy.com
- 디포즈가이드, https://www.diffordsguide.com
- 몰츠 닷컴, http://www.malts.com
- 바인페어 닷컴, https://vinepair.com
- 스카치위스키 닷컴, https://scotchwhisky.com
- 스카치위스키 협회, https://www.scotch-whisky.org.uk
- 위스키 닷컴, https://www.whisky.com
- 위키미디어 커먼즈, https://commons.wikimedia.org
- 툴리바딘 증류소: Wikimedia Commons / Michael Kramer / CC BY-SA 3.0
- 부나하벤 증류소: Wikimedia Commons / ErikRombaut / CC BY-SA 4.0
- 쿨일라 증류소: Wikimedia Commons / Andrew Wood / CC BY-SA 2.0
- 난터우 증류소: Wikimedia Commons / lienyuan lee / CC BY 3.0
- 짐빔: Wikimedia Commons / Okkornj / CC BY-SA 4.0
- 에반 윌리엄스: Wikimedia Commons / Kenneth C. Zirkel / CC BY-SA 4.0

- 메이커스 마크: Wikimedia Commons / Céréales Killer / CC BY-SA 4.0
- 토민타울 증류소: Wikimedia Commons / Peter Moore / CC BY-SA 2.0
- 탐나불린 증류소: Wikimedia Commons / Colin Kinnear / CC BY-SA 2.0
- 탐두 증류소: Wikimedia Commons / Anne Burgess / CC BY-SA 2.0
- 몰트락 증류소: Wikimedia Commons / Andrew Wood / CC BY-SA 2.0
- 롱몬 증류소: Wikimedia Commons / Peter Moore / CC BY-SA 2.0
- 링크우드 증류소: Wikimedia Commons / Anne Burgess / CC BY-SA 2.0
- 글렌로티스 증류소: Wikimedia Commons / Yves Cosentino / CC BY 2.0
- 글렌듈란 증류소: Wikimedia Commons / Alan Jamieson / CC BY-SA 3.0
- 글렌버기 증류소: Wikimedia Commons / Peter Moore / CC BY-SA 2.0
- 글렌 모레이 증류소: Wikimedia Commons / Toen96 / CC BY-SA 4.0
- 글렌 엘긴 증류소: Wikimedia Commons / Anne Burgess / CC BY-SA 2.0
- 더프타운 증류소: Wikimedia Commons / Andrew Wood / CC BY-SA 2.0
- 크라이겔라키 증류소: Wikimedia Commons / Colin Kinnear / CC BY-SA 2.0
- 크래겐모어 증류소: Wikimedia Commons / Andrew Abbott / CC BY-SA 2.0
- 카듀 증류소: Wikimedia Commons / Euan Nelson / CC BY-SA 2.0
- 벤로막 증류소: Wikimedia Commons / CC BY-SA 2.5
- 벤리악 증류소: Wikimedia Commons / Peter Moore / CC BY-SA 2.0
- 발베니 증류소: Wikimedia Commons / John Lucas / CC BY-SA 2.0
- 올트모어 증류소: Wikimedia Commons / Ann Harrison / CC BY-SA 2.0
- 글렌킨치 증류소: Wikimedia Commons / Alan Jamieson / CC BY-SA 3.0
- 블라드녹 증류소: Wikimedia Commons / Billy McCrorie / CC BY-SA 2.0
- 오켄토션 증류소: Wikimedia Commons / Wee Bugger / CC BY-SA 3.0
- 라가불린 증류소: Wikimedia Commons / M J Richardson / CC BY-SA 2.0
- 보모어 증류소: Wikimedia Commons / Andrew Abbott / CC BY-SA 2.0
- 탈리스커 증류소: Wikimedia Commons / DeFacto / CC BY-SA 4.0
- 탈리스커 증류기: Wikimedia Commons / Reading Tom / CC BY-SA 2.0
- 로얄 브라클라 증류소: Wikimedia Commons / nairnbairn / CC BY-SA 2.0
- 오반 증류소: Wikimedia Commons / Ayack / CC BY-SA 3.0
- 주라 증류소: Wikimedia Commons / sobastian.b. / CC BY 2.0
- 아란(로크란자) 증류소: Wikimedia Commons / Chris Morgan / CC BY-SA 2.0
- 글렌글라사 증류소: Wikimedia Commons / JThomas / CC BY-SA 2.0
- 글렌드로낙 증류소: Wikimedia Commons / Alan Jamieson / CC BY-SA 3.0
- 글렌드로낙 증류기: Wikimedia Commons / Akela NDE / CC BY-SA 2.0
- 달모어 증류소: Wikimedia Commons / Alan Jamieson / CC BY-SA 3.0
- 스프링뱅크 증류소: Wikimedia Commons / Leslie Barrie / CC BY-SA 2.0
- 하이랜드 파크 증류소: Wikimedia Commons / Alan Jamieson / CC BY-SA 3.0
- 캡틴큐: Wikimedia Commons / Rokbtm1234 / CC BY-SA 4.0

┊ 저자협의 ┊
┊ 인지생략 ┊

1판 1쇄 인쇄 2025년 6월 25일
1판 1쇄 발행 2025년 6월 30일

지 은 이 전재구
발 행 인 이미옥
발 행 처 J&jj
정   가 22,000원
등 록 일 2014년 5월 2일
등록번호 220-90-18139
주   소 (04997) 서울 광진구 능동로 281-1 5층 (군자동 1-4, 고려빌딩)
전화번호 (02) 447-3157~8
팩스번호 (02) 447-3159

ISBN 979-11-92924-25-0 (03590)
J-25-04
Copyright ⓒ 2025 J&jj Publishing Co,. Ltd